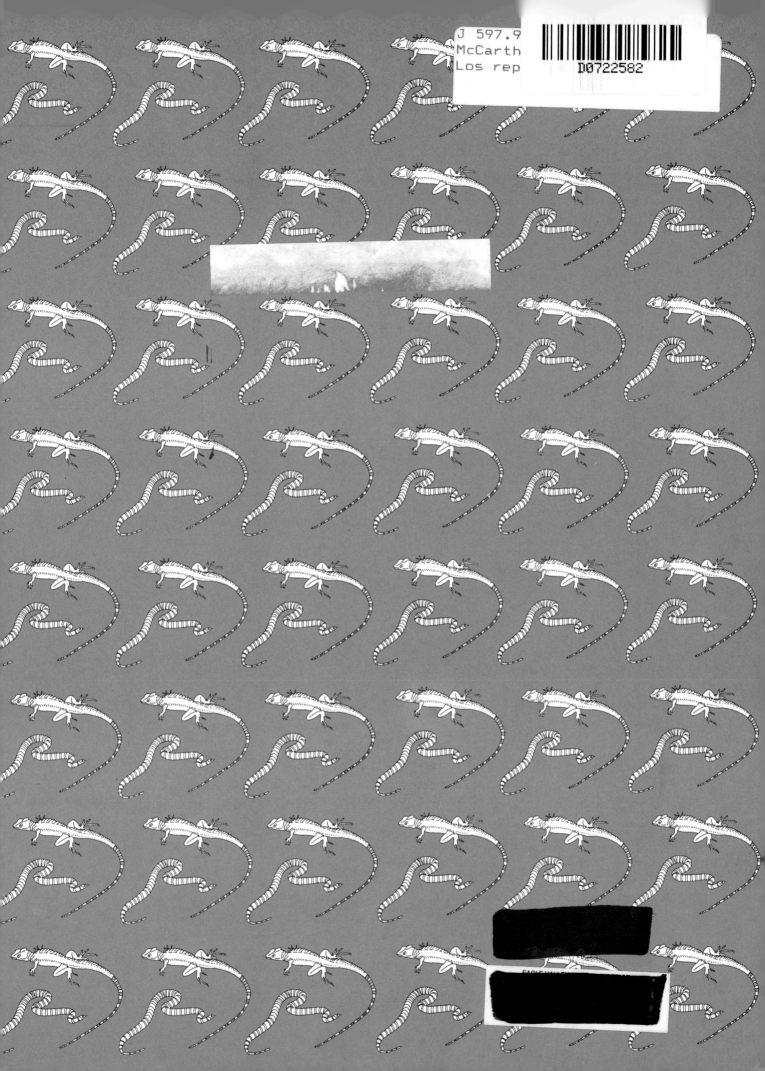

los reptiles

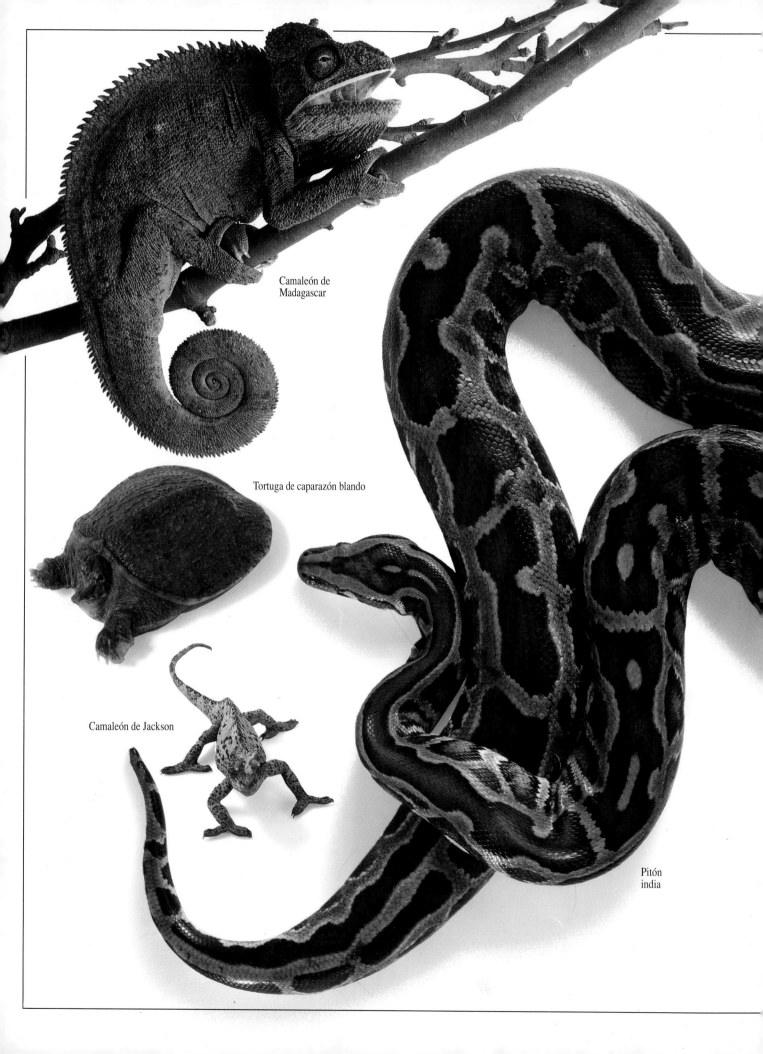

Camaleón de
Madagascar

Tortuga de caparazón blando

Camaleón de Jackson

Pitón
india

Tortuga estrellada

Tortuga radiada

los reptiles

por

Colin Mccarthy

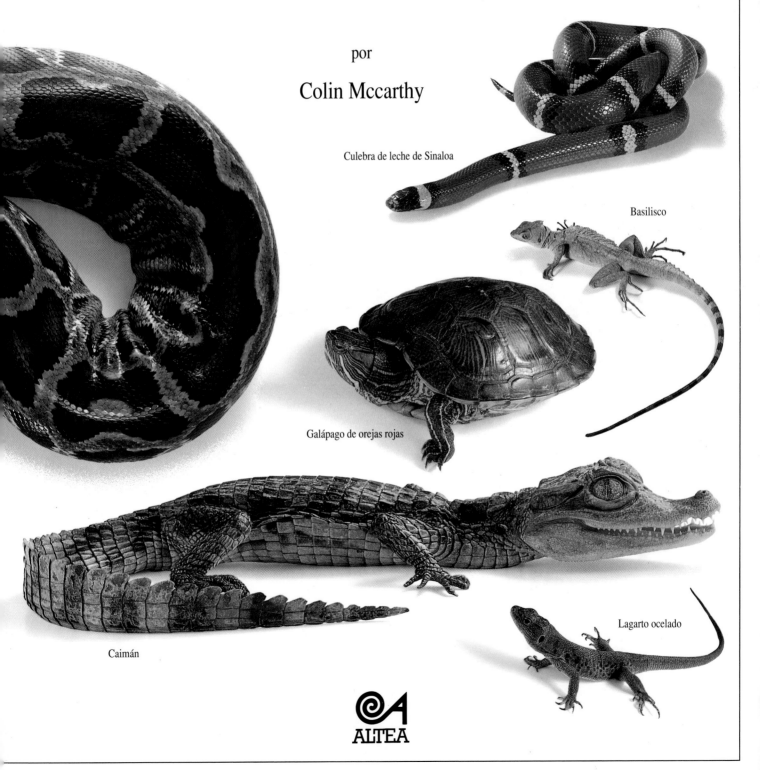

Culebra de leche de Sinaloa

Basilisco

Galápago de orejas rojas

Lagarto ocelado

Caimán

ALTEA

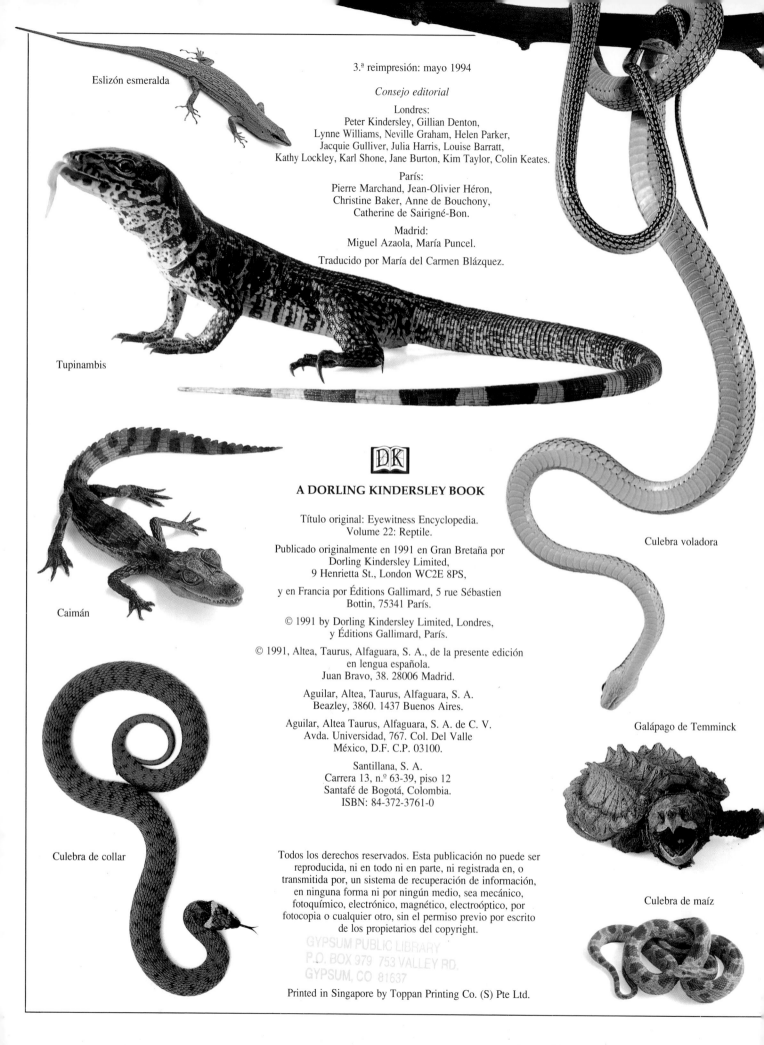

Eslizón esmeralda

Tupinambis

Caimán

Culebra de collar

Culebra voladora

Galápago de Temminck

Culebra de maíz

3.ª reimpresión: mayo 1994

Consejo editorial

Londres:
Peter Kindersley, Gillian Denton,
Lynne Williams, Neville Graham, Helen Parker,
Jacquie Gulliver, Julia Harris, Louise Barratt,
Kathy Lockley, Karl Shone, Jane Burton, Kim Taylor, Colin Keates.

París:
Pierre Marchand, Jean-Olivier Héron,
Christine Baker, Anne de Bouchony,
Catherine de Sairigné-Bon.

Madrid:
Miguel Azaola, María Puncel.

Traducido por María del Carmen Blázquez.

A DORLING KINDERSLEY BOOK

Título original: Eyewitness Encyclopedia.
Volume 22: Reptile.

Publicado originalmente en 1991 en Gran Bretaña por
Dorling Kindersley Limited,
9 Henrietta St., London WC2E 8PS,

y en Francia por Éditions Gallimard, 5 rue Sébastien
Bottin, 75341 París.

© 1991 by Dorling Kindersley Limited, Londres,
y Éditions Gallimard, París.

© 1991, Altea, Taurus, Alfaguara, S. A., de la presente edición
en lengua española.
Juan Bravo, 38. 28006 Madrid.

Aguilar, Altea, Taurus, Alfaguara, S. A.
Beazley, 3860. 1437 Buenos Aires.

Aguilar, Altea Taurus, Alfaguara, S. A. de C. V.
Avda. Universidad, 767. Col. Del Valle
México, D.F. C.P. 03100.

Santillana, S. A.
Carrera 13, n.º 63-39, piso 12
Santafé de Bogotá, Colombia.
ISBN: 84-372-3761-0

Printed in Singapore by Toppan Printing Co. (S) Pte Ltd.

Sumario

Culebra ratonera

¿Qué es un reptil?

Existen en la actualidad cuatro grupos de reptiles: serpientes y lagartos, la familia de los cocodrilos, tortugas y galápagos, y el tuatara. Los reptiles, igual que los peces, anfibios, aves y mamíferos son vertebrados (tienen columna vertebral), y sus crías nacen normalmente en tierra firme. Por ello cuando los reptiles salen del huevo parecen versiones diminutas de sus padres. Tienen la piel cubierta de escamas, lo que les permite mantener la humedad corporal y vivir en lugares secos, aunque es una desventaja para mantener el calor interno. Dependen del ambiente para calentarse. A pesar de que se les conoce como animales de sangre fría, la sangre de un reptil calentada por el sol tiene casi la misma temperatura que la nuestra. Las criaturas de sangre caliente necesitan comer frecuentemente para mantener la temperatura corporal y tienen que gastar energía en la búsqueda de alimento. Los reptiles no precisan comer para mantener el calor por lo que pueden sobrevivir bien en zonas de escasos recursos.

Piel escamosa

Los reptiles han aparecido en la mitología de muchos países durante cientos de años. Los dragones que se representan aquí fueron descritos por Marco Polo, el famoso explorador italiano, quien probablemente había visto en sus viajes especies enormes de lagartos y serpientes. Los dragones alados posiblemente estaban inspirados en los lagartos voladores que había visto en Oriente. La malvada hidra de múltiples cabezas regeneraba dos cabezas por cada una que se le cortaba. En la leyenda griega, Hércules terminó matando a la bestia, cauterizando cada cuello cuando le cortaba su correspondiente cabeza.

Hidra

Dedo muy alargado para reforzar el apoyo

¿Qué no es un reptil?

A primera vista la salamandra, que no es un reptil sino un anfibio, parece un lagarto. Los anfibios, como los sapos y las ranas, se confunden a menudo con los reptiles, aunque en realidad pertenecen a otro grupo de animales. Se diferencian de los reptiles en muchas cosas. No tienen escamas, puesto que necesitan respirar a través de la piel. La mantienen húmeda por medio de glándulas especiales de mucus. La mayoría de las ranas, sapos y salamandras necesitan permanecer cerca del agua para reproducirse. Normalmente ponen los huevos directamente en el agua, donde nacen los renacuajos. Sin embargo, la salamandra común mantiene los huevos dentro de su cuerpo hasta momentos antes del nacimiento, después pare a los renacuajos directamente en el agua.

Salamandra común

Como todos los anuros, esta rana arborícola es un anfibio. A diferencia de los reptiles, la mayoría de las ranas tienen la piel lisa y húmeda, sin escamas.

Oído externo

La cola ayuda a mantener el equilibrio

Los reptiles presentan gran variedad de formas y tamaños. Los lagartos son uno de los grupos más amplios y variados. Los tupinambis viven en las regiones tropicales de América del Sur. Éste es un tupinambis muy joven, pero estos animales con la edad engordan al alimentarse de pajarillos, pequeños mamíferos e incluso otros lagartos. Tienen la piel recubierta de escamas córneas y secas que les permiten mantener los fluidos corporales. Sus ojos están bien desarrollados, aunque en otros reptiles, sobre todo en los lagartos y serpientes de hábitos subterráneos, pueden ser mucho más pequeños. Como en casi todos los lagartos, los párpados del tupinambis tienen párpados móviles. Sin embargo, algunos gekos y la mayor parte de las serpientes no pueden parpadear porque sus ojos están protegidos por una «lente» fija y transparente. Las patas de muchos reptiles dan una buena pista del modo de vida del animal. Pueden usarlas para escalar superficies lisas, trepar por tallos balanceantes y delgados o franquear dunas de arena suelta y ardiente. Sin embargo, algunos lagartos que viven bajo tierra y la mayoría de las serpientes no tienen patas.

Ojo con párpado móvil.

Algunos reptiles tienen lenguas particulares

La mayoría de los reptiles ponen huevos (págs. 20-21), aunque hay algunos que paren crías vivas. A diferencia de los anfibios, los reptiles depositan sus huevos en tierra firme, incluso los que pasan gran parte de su vida en el agua, como los galápagos y los cocodrilos. Depositan sus puestas en variedad de sitios: orillas de los ríos, agujeros en la arena, termiteros o en la hierba. El período de incubación es muy variable de unos reptiles a otros y depende del clima.

Culebra de agua africana con huevos

Cuando los reptiles dominaban el mundo

Los reptiles voladores, o pterosaurios, dominaron el aire durante más de 100 millones de años, hasta que se extinguieron al mismo tiempo que los dinosaurios. Sus alas eran membranas extendidas entre el único dedo largo de la mano y las patas traseras.

EL PRIMER REPTIL APARECIÓ aproximadamente hace 340 millones de años durante el período Carbonífero. Evolucionaron de los anfibios, y aunque no se conoce mucho del principio de su verdadera historia, parece probable que los primeros reptiles tuvieran una apariencia semejante a la de nuestros lagartos de hoy. No fue hasta más tarde, en la era Mesozoica (entre 70-230 millones de años) cuando aparecieron las formas voladoras. Durante dicho período otros reptiles renunciaron a vivir en la tierra y volvieron a los mares y los lagos, y los dinosaurios dominaron la tierra. Los reptiles deben su éxito principalmente a sus huevos especiales (págs. 6-7) que, a diferencia de los de los anfibios, tienen cáscara, y no necesitan permanecer en el agua. Los reptiles eran, además, más adaptables y capaces de vivir en hábitats no favorables para los anfibios, que dependen del agua.

Vértebra de *Palaeophis*, una antigua serpiente marina

La enorme vértebra de una forma extinguida de serpiente marina, conocida como *Palaeophis*, encontrada en el oeste de África, prueba la existencia en la era Cenozoica de una serpiente tres o cuatro veces mayor que una pitón actual. La vértebra que se muestra aquí pertenece a una pitón de más de 6 m de longitud. Aunque se han contado historias de antiguas serpientes que superaban los 20 m de longitud, probablemente se trate sólo de leyendas.

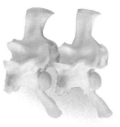

Vértebra de un pitón actual

EDAD DE LA TIERRA (Millones de años)					
Era Paleozoica		**Era Mesozoica**			**Era Cenozoica**
Período Carbonífero	Período Pérmico	Período Triásico	Período Jurásico	Período Cretácico	Período Paleoceno hasta la actualidad.
350	270	225	190	141	70

Tortugas marinas, terrestres y galápagos

Cocodrilos

Lagartos

Serpientes

La duración de cada período no está a escala

Los primeros lagartos aparecieron hace aproximadamente 200 millones de años, evolucionando a la vez que los dinosaurios. A pesar de los escasos fósiles, hay evidencia de que existían diferentes formas de lagartos antes del fin de la era Mesozoica. Este ejemplo, de hace 190 millones de años, muestra la cabeza pequeña, el cuello corto, el cuerpo y la cola alargados y las patas horizontales que hoy todavía son características del grupo.

Dientes puntiagudos para comer peces

Probablemente el pariente vivo más cercano de los dinosaurios es el cocodrilo, y parece haber evolucionado a la vez, durante el Triásico, hace aproximadamente 200 millones de años. Los dientes afilados y puntiagudos de las formas primitivas sugieren que estaban principalmente especializados en comer peces, a diferencia de las especies más modernas que pueden ingerir una pequeña cantidad de plantas además de carne. La forma básica del cráneo de los cocodrilos ha cambiado muy poco.

Cráneo de cocodrilo antiguo.

Este cráneo con sus mandíbulas perrunas pertenecía a un reptil carnívoro llamado *Cynognathus*. Esta criatura cuadrúpeda fue una forma avanzada de los reptiles «mamiferoides» que dominaron la tierra durante casi todo el Pérmico y el Triásico. Los mamíferos evolucionaron a partir de este grupo de reptiles hace unos 195 millones de años.

Reconstrucción de una forma avanzada de reptil mamiferoide mostrando una postura de patas verticales, más evolucionada que las patas horizontales.

Cráneo de *Cynognathus*

Mandíbula fuerte y dientes grandes para comer carne

Los restos fósiles de la primera tortuga marina, reconocible como tal, se encontraron en una roca de unos 200 millones de años. Aunque nunca fue una de las formas reptilianas dominantes, la estructura de galápago ha sido lo suficientemente flexible para afrontar los cambios ambientales que han sucedido hasta nuestros días. Tal adaptabilidad les ha permitido desarrollar tanto formas acuáticas como terrestres y convertirse en el grupo más antiguo de reptiles vivos.

El cráneo de una tortuga moderna no tiene ventanas temporales ni dientes en las mandíbulas (págs. 32-33). Este cráneo de *Proganochelys*, que data de principios del Triásico, muestra que el techo del cráneo no ha cambiado. Pero tiene proyecciones semejantes a dientes en el paladar, no visibles aquí.

Mandíbulas desdentadas

9

Familias felices

LA EVOLUCIÓN ES LA BASE para la clasificación de los animales. De la misma manera que se está emparentado con los hermanos, porque se comparten los mismos padres, y con los primos, porque se comparten los mismos abuelos, los animales se dividen en grupos familiares de acuerdo con sus antepasados comunes. Por tanto, los lagartos y serpientes están más estrechamente relacionados entre sí que con ningún otro grupo, y, sorprendentemente, los cocodrilos están más emparentados con las aves que con los otros reptiles. Como a menudo no existe suficiente información sobre los ancestros, la agrupación de las familias depende también de las características comunes de los animales que viven en la actualidad.

Sólo cuatro grupos de reptiles se las han arreglado para sobrevivir hasta la actualidad. El mayor, con diferencia, lo forman los lagartos y las serpientes. Los otros no fueron siempre tan escasos; se conocen al menos 108 especies fósiles de cocodrilos, y el grupo en el que hoy sólo queda el tuatara también fue mayor en el pasado.

	Lagartos, 3.000 especies.
	Serpientes, 2.700 especies.
	Tortugas, 200 especies
	Cocodrilos, 23 especies
	Tuatara, 1 especie.

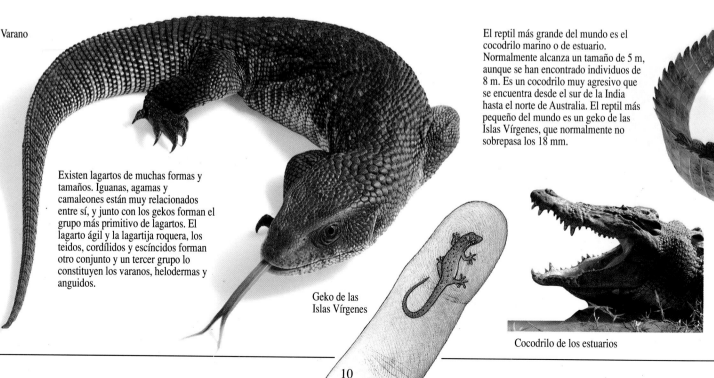

Varano

Existen lagartos de muchas formas y tamaños. Iguanas, agamas y camaleones están muy relacionados entre sí, y junto con los gekos forman el grupo más primitivo de lagartos. El lagarto ágil y la lagartija roquera, los teidos, cordílidos y escíncidos forman otro conjunto y un tercer grupo lo constituyen los varanos, helodermas y anguidos.

Geko de las Islas Vírgenes

El reptil más grande del mundo es el cocodrilo marino o de estuario. Normalmente alcanza un tamaño de 5 m, aunque se han encontrado individuos de 8 m. Es un cocodrilo muy agresivo que se encuentra desde el sur de la India hasta el norte de Australia. El reptil más pequeño del mundo es un geko de las Islas Vírgenes, que normalmente no sobrepasa los 18 mm.

Cocodrilo de los estuarios

Las serpientes son unos
reptiles ápodos, de cuerpo
delgado y largo. Se dividen en
tres grupos: serpientes
primitivas, donde se incluyen
las pitones y las boas;
serpientes ciegas, como las
culebras vermiformes; y
serpientes evolucionadas, que
incluyen a las culebras, cobras,
serpientes marinas y víboras.
Se distribuyen por todo el
mundo excepto en las regiones
muy frías (págs. 26-27).

Pitón india

Laas tortugas son reptiles de
cuerpo corto y ancho, encerrado en una
concha ósea. El hueso de la concha está recubierto
de placas córneas, o menos frecuentemente por piel
endurecida. Se dividen en dos grupos principales según la
forma de doblar el cuello para meter la cabeza dentro del
caparazón: las tortugas que esconden el cuello,
como son los quelídridos, los galápagos de
agua dulce y marinos, las tortugas terrestres
y las tortugas blandas o trioníquidos; dentro
del otro grupo, las que doblan el cuello, están
los pelomedúsidos y los quélidos, ambos de
agua dulce. Las tortugas pueden vivir en tierra y en
agua dulce o salada (págs. 30-31).

Tortuga mediterránea o de Hermann

Los cocodrilos se dividen en tres familias:
cocodrilos, gaviales y aligatores; esta última
incluye a los caimanes. Forman un grupo muy
antiguo de reptiles, y en varios aspectos son más
evolucionados que los otros grupos. Tienen un
sistema circulatorio mucho más eficiente y, según
algunos, un cerebro más inteligente. También
muestran mayores cuidados hacia las crías
(págs. 34-45).

Caimán

El interior

En la mayor parte de los reptiles, el crecimiento de los huesos no cesa al alcanzar la madurez sexual, lo que significa que siguen creciendo durante toda su vida. Si un reptil sobrevive a los peligros cotidianos, podría alcanzar finalmente un tamaño gigantesto. Esto es particularmene cierto para las pitones, los cocodrilos y las tortugas gigantes, si bien las lagartijas y los galápagos, normalmente paran de crecer. A diferencia de los mamíferos, la mayoría de los reptiles cuando son viejos no pierden los dientes, sino que para ellos continúa el proceso de caída y crecimiento de piezas nuevas (págs. 38-39).

En contraste con las serpientes, el interior de los lagartos es bastante simétrico

Vértebra caudal

Vértebra troncal

Esqueleto de un camaleón

Cráneo

Muchos lagartos poseen esqueletos muy especializados. El camaleón, por ejemplo, está adaptado a la vida en los árboles y arbustos. Tiene un cuerpo ancho que le proporciona mayor estabilidad cuando tiene que apoyar todo su peso en una ramita estrecha (págs. 28-29). Los dedos están diseñados para asirse, agrupándose tres hacia afuera y dos hacia dentro del pie, y al contrario en la mano. La cola es prensil, casi creada a medida para agarrarse.

El cráneo del caimán es alargado, con las órbitas oculares y las fosas nasales en alto, lo que le permite flotar asomando sólo la nariz y los ojos fuera del agua. Su cuerpo también es alargado con dos pares de patas más bien cortas, tiene cinco dedos en las patas delanteras y sólo cuatro en las traseras. Todos los dedos están parcialmente palmeados. Como en todos los demás miembros de la familia de los cocodrilos, la mandíbula superior es casi un hueso sólido.

Costillas

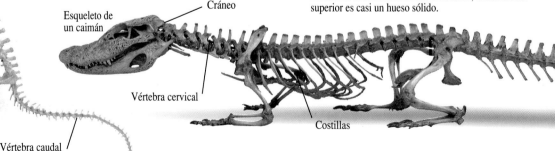

Esqueleto de un caimán

Cráneo

Vértebra cervical

Costillas

Vértebra caudal

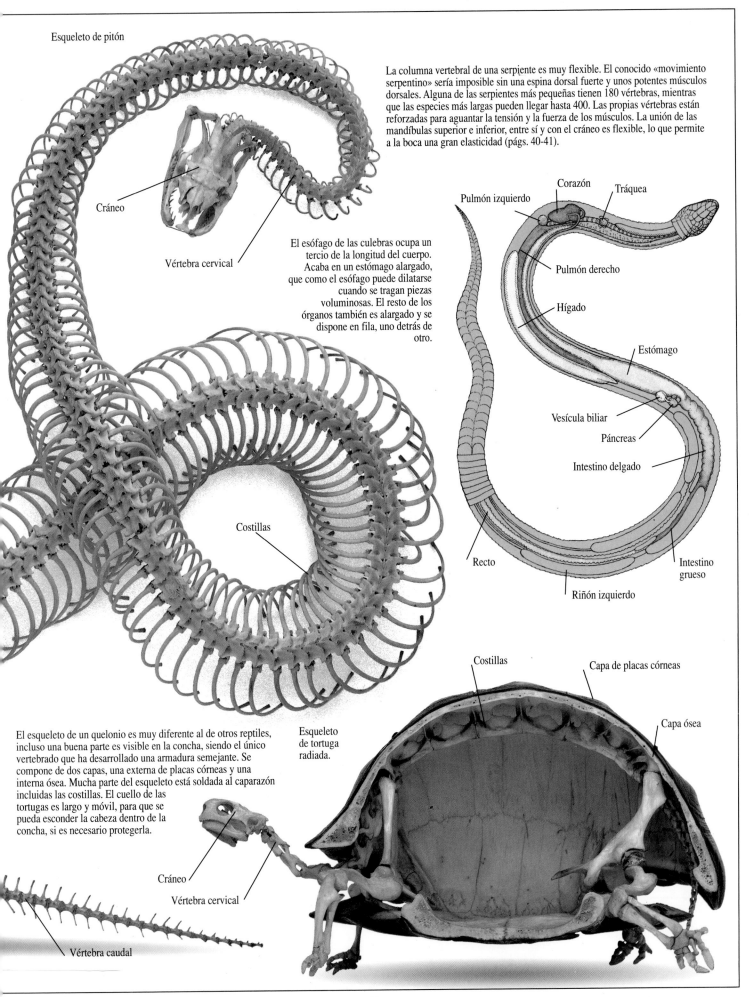

Esqueleto de pitón

Cráneo

Vértebra cervical

La columna vertebral de una serpiente es muy flexible. El conocido «movimiento serpentino» sería imposible sin una espina dorsal fuerte y unos potentes músculos dorsales. Alguna de las serpientes más pequeñas tienen 180 vértebras, mientras que las especies más largas pueden llegar hasta 400. Las propias vértebras están reforzadas para aguantar la tensión y la fuerza de los músculos. La unión de las mandíbulas superior e inferior, entre sí y con el cráneo es flexible, lo que permite a la boca una gran elasticidad (págs. 40-41).

El esófago de las culebras ocupa un tercio de la longitud del cuerpo. Acaba en un estómago alargado, que como el esófago puede dilatarse cuando se tragan piezas voluminosas. El resto de los órganos también es alargado y se dispone en fila, uno detrás de otro.

Pulmón izquierdo

Corazón

Tráquea

Pulmón derecho

Hígado

Estómago

Vesícula biliar

Páncreas

Intestino delgado

Recto

Riñón izquierdo

Intestino grueso

Costillas

Costillas

Capa de placas córneas

Capa ósea

El esqueleto de un quelonio es muy diferente al de otros reptiles, incluso una buena parte es visible en la concha, siendo el único vertebrado que ha desarrollado una armadura semejante. Se compone de dos capas, una externa de placas córneas y una interna ósea. Mucha parte del esqueleto está soldada al caparazón incluidas las costillas. El cuello de las tortugas es largo y móvil, para que se pueda esconder la cabeza dentro de la concha, si es necesario protegerla.

Esqueleto de tortuga radiada.

Cráneo

Vértebra cervical

Vértebra caudal

Tipos fríos

LOS REPTILES SON ANIMALES DE SANGRE FRÍA (págs. 6-7), lo que significa que su temperatura cambia con la del entorno. Aunque viven mejor en climas cálidos, necesitan tiempo para ajustarse a los cambios rápidos de temperatura. Para agilizar el proceso pueden calentarse tomando el sol, y cuando alcanzan una cierta temperatura pueden empezar a moverse en busca de comida o de pareja. En la hora de más calor, se refugian a la sombra para enfriarse y sorprendentemente a base de entrar y salir continuamente de las zonas de sombra son capaces de mantener una temperatura interna constante. Un reptil necesita temperaturas altas para hacer la digestión; por ejemplo, una serpiente que haya comido pero no pueda alcanzar el calor necesario puede morir porque la comida se descompondrá en su estómago. Cuando hace mal tiempo baja su temperatura corporal, por lo que se mueven lentamente y están en peligro de ser atacados por los predadores.

Lagarto tomando el sol

Por la mañana temprano éste agama se colocará encima de la piedra a pleno sol. Cuando alcance su temperatura óptima empezará a moverse por los alrededores buscando insectos que comer; luego, en las horas más calurosas del día, se retirará a la sombra. Si se enfría demasiado, trepará de nuevo a la piedra. El patrón de calentamiento y enfriamiento varía con las estaciones; por ejemplo, durante los meses fríos los reptiles sólo están activos en las horas centrales del día, que es cuando hace más calor, sin embargo en los meses de verano pueden enterrarse a mediodía para evitar sobrecalentamientos.

Lagarto de arena

Cuando el suelo está demasiado caliente para sus pies, estos lagartos de arena del desierto de Namibia «bailan» levantando las patas alternativamente de la arena abrasadora. A veces se tumban sobre la panza ¡levantando las cuatro patas a la vez! El pequeño geko moteado tampoco se encuentra a gusto en la arena caliente, pero como es nocturno, sale normalmente cuando hace más fresco.

Geko moteado

Los cocodrilos se enfrían dejando que la humedad se evapore a través de sus bocas abiertas. Se calientan dentro del agua cuando hace frío y la usan para darse un chapuzón cuando hace calor. Algunos simplemente se quedan quietos en las aguas frescas de una corriente fangosa; por su parte, los cocodrilos americanos descansan en madrigueras o agujeros cuando tienen demasiado calor.

Algunas personas se ponen rojas de ira porque la sangre les aflora a la cara, pero realmente la temperatura de su sangre no aumenta. Cuando hablamos de cometer un acto «a sangre fría», nos referimos a algo cruel y estamos haciendo un uso indebido del término (págs. 6-7).

Como casi todas las demás serpientes del desierto, la víbora cornuda hará lo posible para evitar el calor fuerte del día. Es principalmente nocturna, se mueve «reptando de lado» cuando está a la caza de una posible presa (págs. 52-53). Puede viajar hasta un kilómetro en una sola noche en busca de su comida favorita: pequeños mamíferos y lagartos. Si necesita escapar del caluroso sol de mediodía de los desiertos del norte de África y Arabia, simplemente se entierra en la arena.

2 La serpiente desciende verticalmente arrastrando y revolviendo su cuerpo. A medida que se entierra lanza la arena excavada sobre su dorso. Las escamas de la piel ayudan a colocar los granos de arena a lo largo de su cuerpo.

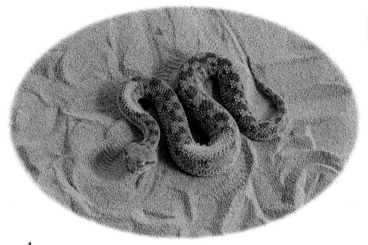

1 Una víbora cornuda se esconde en la arena empezando por la cola y retorciéndose mientras entra. Las sólidas «lentes» que cubren sus ojos les protegen de la irritación producida por los granos de arena.

3 La víbora cornuda está ahora casi completamente enterrada. Pronto sólo será visible la parte superior de su cabeza. Encamándose en la ardiente arena del desierto de esta forma, se protege del sol abrasador y al mismo tiempo ello le proporciona un estupendo escondite cuando hay cerca enemigos o presas.

Una serpiente deja marcas muy visibles cuando se mueve en la arena.

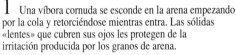

Sentidos poco comunes

LOS REPTILES POSEEN LOS SENTIDOS comunes a los otros vertebrados: olfato, vista y oído. Pero tienen también otras vías adicionales de percibir su entorno. Las serpientes, y algunos lagartos «huelen» con ayuda de la lengua y unas células sensoriales especiales, situadas encima del paladar que forman el llamado órgano de Jacobson. Algunas serpientes son muy sensibles a las radiaciones infrarrojas, lo que significa que pueden detectar a presas de sangre caliente incluso en oscuridad total. Las tortugas marinas pueden navegar distancias inmensas para llegar a la playa donde depositan sus huevos. Puede que utilicen la posición del sol, pero también es posible que puedan detectar campos magnéticos. En algunos reptiles ciertos sentidos no están muy desarrollados. La mayoría de las formas de vida subterránea, por ejemplo, ven poco y las serpientes no oyen muy bien, aunque otros tienen un oído excelente.

Los aligatores se comunican entre sí a larga distancia por medio de bramidos. El sonido que emiten puede llegar a ser muy fuerte, más de 92 decibelios a 5m, prácticamente tan fuerte como el de la hélice de una avioneta.

El ojo giratorio está colocado sobre una torrecilla.

Los párpados pueden cerrarse hasta dejar una pequeña mirilla.

Dedos especiales semejantes a pinzas, para asir ramas.

La mayoría de los gekos tienen voz. Ciertas especies emiten chirridos y chasquidos cuando copulan o defienden su territorio. Ante un peligro algunos incluso pueden producir ultrasonidos, que son audibles por mamíferos y aves pero están fuera del rango de audición de los propios lagartos que los usan para alarmar a los predadores.

El camaleón tiene un campo de visión extraordinariamente amplio y puede mover los ojos independientemente. Si ve a una mosca, puede dejar un ojo enfocado en esa dirección mientras maniobra hacia su presa. A la vez que se mueve, el otro ojo barre los alrededores por si aparecen posibles enemigos. Mientras, el cerebro tiene la tarea de ir interpretando las dos imágenes a la vez. Cuando la mosca entra en su campo de acción, gira ambos ojos hacia ella y en este punto su vista se vuelve más parecida a la visión binocular de los humanos. Con ambos ojos firmemente fijos en la mosca el camaleón puede calcular su posición con más precisión y preparar la forma de ataque.

Como todos los animales, las serpientes han cambiado gradualmente, han evolucionado, durante millones de años. En algún punto parecen haber atravesado una etapa de vida subterránea que les afectó a los sentidos. Su vista y su oído se debilitaron mientras que otros sentidos se agudizaron. Las serpientes no tienen oído externo y las vibraciones simplemente llegan al oído interno a través de los huesos del cráneo que están soldados a la mandíbula inferior. Algunas serpientes tienen receptores especiales de calor. La pitón india tiene unas pequeñas fosetas sensitivas en los labios que le son particularmente útiles para detectar en la noche presas de sangre caliente, como mamíferos o aves (págs.42-43).

Desde hace cientos de años se han exhibido serpientes que bailan al compás de la flauta de un encantador. Esto ha llevado a la creencia errónea de que de alguna manera eran hipnotizadas por la música. De hecho lo que ocurre es que la serpiente se levanta para defenderse y siguiendo los movimientos de la flauta se prepara para atacar.

Lengua bífida

El ojo tiene una mirada fija «vidriosa» porque carece de párpado móvil.

Todos los lagartos tienen una lengua extensible y bien desarrollada, las de serpientes y varanos además son bífidas. La mueven constantemente dentro y fuera de la boca, como probando o «catando» las partículas químicas del aire y del suelo. Tales partículas son transferidas desde la punta de la lengua al órgano de Jacobson a través de unas aberturas del paladar. Las series de células sensitivas del órgano, en parte «gustan» y en parte «huelen» estas partículas. Esta lengua especializada puede ayudar a rastrear una presa, probar alimentos, encontrar pareja y detectar enemigos.

Narina

Órgano de Jacobson

Lengua

Conducto lacrimal

El ojo está protegido por una «lente» transparente y sólida.

Las iguanas gozan de una excelente visión. Pueden ver en color, lo que explica por qué muchos miembros de la familia usan para comunicarse ornamentos de la cabeza, crestas y gorgueras coloreadas. De hecho el color es importante para muchos lagartos como forma de distinguir entre sexos. A diferencia de las culebras que principalmente oyen vibraciones del suelo a través de los huesos del cráneo, las iguanas y la mayor parte de los lagartos pueden oír sonidos transmitidos por el aire a través de sus visibles oídos externos. El tímpano está casi al mismo nivel que la piel circundante, mientras que en los mamíferos se encuentra al final de un conducto que empieza en la oreja. Pero aunque los lagartos oyen mejor que las culebras, no llegan a oír tan bien como los humanos.

Comportamientos de cortejo

AUNQUE LOS REPTILES GASTAN la mayor parte de su tiempo en la supervivencia diaria, ajustando la temperatura corporal, en busca de comida o escapando de predadores, desde luego tienen que desarrollar una vida social. Así evidentemente, en el tiempo de los cortejos, necesitan poder atraer a miembros del sexo contrario para reproducirse. Los lagartos macho suelen mostrar colores brillantes como reclamo para las hembras, y los caracteres más vistosos de algunos, como los volantes y las crestas, tienen el mismo propósito. Como en el resto del reino animal, los machos pueden usar las mismas señales tanto para atraer a las hembras como para disuadir a los machos rivales.

Muchas serpientes pueden retrasar la fertilización de los huevos, en algunos casos hasta meses después de la cópula. Tal habilidad para controlar el desarrollo de los jóvenes es muy práctica. Por ejemplo, la vieja canción infantil inglesa *Que tenía tantos hijos que no sabía qué hacer* podría haberse beneficiado de la misma técnica.

El macho de la fragata atrae a su pareja de una forma muy parecida a como lo hace un anolis. Infla su bolsa y permanece así varias horas, de hecho hasta que ella sucumbe ante su encanto.

Los anolis son lagartos muy territoriales. Regularmente los machos se pavonean entre sí, inflando los brillantes sacos rojizos de la garganta, como señal de agresión. Dos lagartos del mismo tamaño pueden estar horas enseñándose mutuamente esta excrecencia de color vivo, aunque por supuesto uno más pequeño huirá inmediatamente si lo amenazan de esa manera. Viven en las zonas tropicales de Centro y Suramérica y existen bastantes especies distintas. A veces se les llama camaleones americanos aunque realmente son iguanas. Trepan a las hierbas y arbustos camuflándose muy bien con el entorno, lo que les ayuda a protegerse de sus enemigos.

Las tortugas gigantes se aparean en primavera; por esas fechas los machos empezarán a embestir frecuentemente a las hembras en el costado de la concha para mostrarles su interés. A veces la cópula dura varias horas.

Una vez que una serpiente macho ha conseguido encontrar a una hembra, se aproxima a ella y la estimula a la cópula pasándole su barbilla por el dorso, mientras sus cuerpos y colas se entrelazan. Durante la estación reproductora, puede suceder que dos serpientes machos realicen una especie de danza de combate si compiten por una hembra, aunque en muchas ocasiones evitan las luchas haciéndose señales a distancia. El combate es menos una prueba de fuerza (durante la cual una de las dos serpientes puede resultar herida) que una oportunidad para demostrar cuál de los dos es superior.

Los varanos machos luchan al principio de la estación reproductora levantándose sobre sus patas traseras. Normalmente el animal más débil se rinde al final, antes de salir herido.

Colas entrelazadas durante la cópula

Bolsa de garganta hinchada para atraer a una hembra o como señal de agresión.

Los huevos

Las crías de los reptiles se desarrollan dentro de un huevo, en el interior de una bolsa de líquido amortiguador llamado amnios. Los huevos de la mayoría de los reptiles tienen una cáscara blanda y flexible, aunque otros poseen cáscaras duras parecidas a las de los huevos de aves. A través de ella se absorben el oxígeno y la humedad necesarios para el crecimiento y desarrollo de las crías, mientras que la yema les proporciona el alimento. Algunos lagartos y serpientes son vivíparos, es decir, paren jóvenes perfectamente formados.

En la mitología griega existen muchas leyendas de una tribu de mujeres guerreras, llamadas amazonas, que odiaban a los hombres y vivían sin ellos. De hecho algunas hembras de lagarto, como las de ciertos teidos pequeños, pueden reproducirse también sin acoplamiento.

Serpientes

Los huevos de la mayoría de las serpientes tienen cáscara de textura apergaminada. Los jóvenes nacen rasgando una abertura en ella con un diente afilado que desarrollan especialmente para tal fin. Casi todas las serpientes entierran los huevos en el suelo o bajo vegetación en descomposición, sin embargo algunas víboras, boas y serpientes marinas son vivíparas.

Huevo de pitón excavadora.

Huevo de pitón india.

Apenas reconocible como un huevo, este objeto tan raro fue depositado por una pitón excavadora, una serpiente de hábitos subterráneos que vive en África Occidental. El huevo es bastante grande en proporción a la madre. Una hembra de 85 cm puede poner huevos de 12 cm de longitud.

Después de depositar 30 de estos huevos de apariencia coriácea, la hembra de pitón india presta un cuidado especial a su preciada puesta, enrollándose alrededor de los huevos. Mediante continuas sacudidas musculares (como tiritones) consigue aumentar la temperatura en el interior de sus anillos algunos grados por encima de la del ambiente.

La serpiente africana de las casas suele escoger los montones de estiércol o los termiteros para depositar sus huevos, generalmente ocho o diez cada vez.

Huevo de culebra africana de las casas

Teido de seis rayas

Huevo de varano

Lagartos

La mayoría de los huevos de lagarto poseen cáscara coriácea excepto los de los gekos, que son calcáreos. La mayoría de las hembras de los lagartos no son buenas madres e ignoran la puesta una vez depositada. Sin embargo, algunos escíncidos vuelven a sus nidos para incubar, aumentando la temperatura de los huevos con sus cuerpos.

Huevos de tokay

El tokay, como casi todos los gekos y escíncidos, pone los huevos de dos en dos. Al principio son suaves y pegajosos, pero se endurecen al contaco con el aire. Cuando se secan, se quedan pegados a la superficie donde fueron depositados.

Huevo de camaleón africano.

Algunos camaleones paren crías vivas y otros ponen huevos. El camaleón africano, que vive en los árboles, baja al suelo a depositar su puesta de 30-40 huevos en una madriguera. Después rellena el hueco para protegerlos, así, que, cuando nacen, los jóvenes tienen que excavar por sí mismos para salir.

Huevo del lagarto arlequín de Java.

Los huevos del lagarto arlequín de Java, un agámido, son muy peculiares porque tienen forma de huso. No está muy claro a qué se debe tal forma, ya que especies próximas tienen huevos ovales normales.

Al varano del Nilo le gusta depositar la puesta en termiteros. La hembra hace un agujero en uno de los lados y pone 40-60 huevos. El calor del interior del termitero favorece la incubación, que dura nueve o diez meses.

Cocodrilos

Los caimanes y aligatores amontonan hierba, tierra y hojas muertas para formar un nido donde depositan unos huevos de cáscara dura, mientras que los cocodrilos y gaviales hacen su nido en agujeros del suelo seco y suelto de playas más o menos expuestas. A menudo la hembra permanece cerca del nido para evitar incursiones de presuntos ladrones. Todos los huevos de cocodrilo tienen que permanecer calientes ya que el sexo de los recién nacidos está determinado por sutiles cambios de temperatura en las primeras etapas de la incubación.

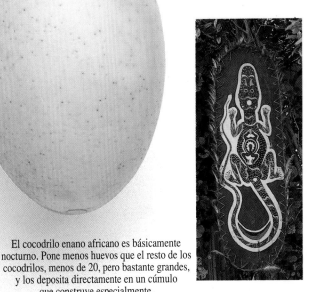

Huevo de cocodrilo enano.

Huevo de aligator

Los hombres y los cocodrilos viven codo con codo a lo largo de la costa de Nueva Guinea Papúa. Este escudo muestra una figura dentro de la barriga de un cocodrilo. Los nativos de la región creen que los cocodrilos tienen poderes mágicos.

La hembra del aligator americano hace un cúmulo de material vegetal y tierra, luego excava un hueco en él y deposita dentro 35-40 huevos. Cuando ya los huevos han eclosionado y los jóvenes están listos para salir, empiezan a emitir fuertes gruñidos hasta que su madre rasga el nido para abrirlo.

El cocodrilo enano africano es básicamente nocturno. Pone menos huevos que el resto de los cocodrilos, menos de 20, pero bastante grandes, y los deposita directamente en un cúmulo que construye especialmente.

Galápagos y tortugas

Las tortugas terrestres, y algunas de agua, ponen huevos de cáscara dura, aunque los de tortugas marinas y ciertos galápagos de agua dulce son blandos. Las hembras hacen un agujero en el suelo, donde entierran los huevos y pueden volver al mismo lugar año tras año. Igual que ocurre en los cocodrilos, el sexo de las tortuguitas está determinado en muchas ocasiones por la temperatura del período de incubación.

Huevo de tortuga mora

Huevo de quélido

Huevo de mata-mata

Los huevos de este extraño galápago suramericano se parecen mucho a una pelota de ping-pong. Como todos los demás galápagos, el mata-mata sale del agua para depositar la puesta. Antes se los cazaba por su carne, pero en la actualidad están protegidos.

La tortuga mora tiene distribución perimediterránea. Hasta hace poco se la exportaba en grandes cantidades para las tiendas de animales domésticos de los países del norte de Europa y pocas de ellas sobrevivían a la experiencia. La importación está ahora penada por la ley en casi todos los países.

El galápago australiano de cuello largo sale del agua para poner los huevos en un nido que excava en tierra firme. La puesta se realiza por la noche después de la lluvia.

Huevo de la tortuga gigante de las Islas Galápagos.

La tortuga gigante de las Galápagos es una de las mayores del mundo. Pone sus huevos de cáscara dura en terreno soleado y la incubación puede durar hasta 200 días. Desafortunadamente muchas puestas son predadas por ratas y cerdos, introducidos en las islas por el hombre.

Cada año 200.000 tortugas marinas de Ridley llegan hasta Orissa, India, para hacer su nido a lo largo de una playa de sólo 5 km. Cada hembra excava un agujero, en el que deposita aproximadamente un centenar de huevos; luego retorna al mar.

SUPERPROTECCIÓN

Al igual que los huevos de las aves, los de reptiles tienen una cáscara que protege al embrión y le permite respirar. La cáscara consta de varias capas. Aquí se ha roto la frágil capa externa y se observa una membrana basal flexible, bajo la cual se encuentra la membrana amniótica rellena de líquido, creando así un medio adecuado para el crecimiento del embrión.

La cáscara permite la respiración del embrión.

Embrión

Amnios

Saco vitelino

A imagen y semejanza

LOS REPTILES NACEN como versiones pequeñas de sus padres. Tanto los que nacen de huevos (págs. 20-21) como los que nacen de forma vivípara son capaces de comer por sí mismos y viven en los mismos ambientes en los que vivirán cuando sean adultos. Naturalmente van cambiando los hábitos alimenticios durante su desarrollo, puesto que un cuerpo en crecimiento necesita más comida. Por ejemplo, un joven cocodrilo es capaz de sobrevivir a base de insectos, pero cuando va haciéndose mayor necesita presas considerablemente más grandes, como mamíferos, aves y peces. A diferencia de los anfibios, los reptiles no vienen al mundo en estado larvario o como renacuajos (págs. 6-7) ni tienen una forma de vida ni una dieta totalmente diferentes a la de los adultos. No nacen como seres frágiles e inmaduros y no dependen de sus padres para la alimentación y los cuidados, como hacen la mayoría de aves y mamíferos.

Caimán joven

Este joven caimán llega al mundo perfectamente formado y capaz de arreglárselas por su cuenta. Igual que el pequeño aligator, permanecerá cerca de su madre unas cuantas semanas, a veces usando su espalda como plataforma para tomar el sol. Pese a los cuidados maternales, poco frecuentes en reptiles, al menor signo de peligro el pequeño se sumergerá bajo el agua para protegerse.

Una vez puestos, los huevos suelen hincharse y ganar peso, porque absorben humedad ambiental (págs. 20-21). El período de incubación varía con la temperatura; cuanto más cálido sea el tiempo más rápido será el desarrollo, por lo que los padres suelen escoger lugares de puesta cálidos y ligeramente húmedos. La vegetación acumulada produce calor cuando las plantas empiezan a pudrirse, de ahí que muchas veces se elijan los montones de estiércol como lugares de puesta, especialmente las serpientes de sitios más fríos. Cuando emergen del huevo los recién nacidos son bastante mayores que los huevos de los que salen; esto es así porque cuando el embrión se desarrolla, el cuerpo que se va formando adopta una postura de espiral apretada.

EL HUEVO

1 Éste es un huevo de culebra ratonera, una de las culebras grandes más comunes en Norteamérica. Su período de apareamiento va de abril a junio y luego en otoño. Entre junio y agosto la hembra pone de 5 a 30 huevos oblongos de cáscara blanda, a menudo en un tronco podrido, entre las hojas muertas o en un hueco bajo una piedra.

PONIÉNDOSE EN MARCHA

4 La serpiente deja el huevo bastante rápidamente. Es capaz de deslizarse fuera moviéndose de forma normal inmediatamente (págs. 52-53). Curiosamente, si se la saca del huevo un poco antes de tiempo empezará a retorcerse, incapaz de moverse correctamente, aunque en todo lo demás parezca normal. Esto parece indicar que una serpiente sólo termina su perfecta coordinación un momento antes del nacimiento.

Las crías de víbora, la única serpiente venenosa de Gran Bretaña, son increíblemente grandes, comparadas con los huevos donde se desarrollan (págs. 20-21).

Casi todos los gekos realizan sus puestas entre las cortezas del tronco de los árboles o pegadas a las paredes. Este geko del desierto puso sus huevos en las grietas de las rocas y son de cáscara dura quizá debido a que tienen que permanecer a la intemperie (págs. 20-21). Aunque muchos gekos hacen puestas comunales, no tienen en absoluto cuidados parentales, de hecho no es corriente que una madre y sus crías estén tan cerca como se las representa aquí. Los jóvenes son independientes desde su nacimiento. La madurez sexual y por tanto la capacidad de reproducirse la alcanzan aproximadamente a los dieciocho años.

Hembra

Joven

Entre los reptiles, las tortugas marinas son las que más huevos ponen, pero las que menos cuidan de ellos. Abandonada en la tierra o en la arena en la que estaba enterrado su huevo, desde el principio esta tortuguita tendrá que luchar sola para sobrevivir en un mundo muy peligroso.

La culebrilla explora su entorno con la lengua

La serpiente no tiene prisa en abandonar la seguridad de su huevo.

2 ROMPIENDO LA CÁSCARA

Mientras se desarrolla dentro del huevo la joven culebra ratonera se alimenta del vitelo. Un día o dos antes de la eclosión el saco vitelino se reabsorbe y lo que le quedaba de vitelo es absorbido por el intestino. Una pequeña cicatriz, como un botón en la tripa, muestra el punto donde el embrión se fusionó con su fuente de alimento. A la vez que el embrión, se va desarrollando también una estructura temporal, el «diamante» o «diamante del huevo», que le va creciendo en el borde de la mandíbula superior y que el recién nacido usará para romper la cáscara. La primera visión del mundo la tendrá a través de una de las hendiduras que hace antes de salir.

3 SALIENDO DEL HUEVO

Una vez que ha percibido el ambiente mediante toquecitos con su lengua (págs. 16-17), la culebrilla, con mil precauciones, abandona la cáscara. No tendrá prisa por salir, incluso puede permanecer así, asomando la cabeza un día o dos. De esta forma, si se la molesta, puede volver a esconderse dentro del huevo. Al fin, las culebras ratoneras están listas para abandonar definitivamente el huevo, de 7 a 15 semanas después de la puesta.

5 PEQUEÑO MILAGRO

Ya completamente fuera del huevo parece asombroso que una serpiente tan larga haya permanecido enrollada dentro de un huevo tan pequeño. Los recién nacidos pueden ser hasta siete veces más largos que sus huevos, 28-40 cm.

La historia de las escamas

LOS REPTILES TIENEN LA PIEL SECA y escamosa. Como en otras criaturas, la piel forma una barrera entre los tejidos del animal y el mundo exterior, protegiéndolos del desgarramiento y desgaste, la desecación y el daño causado por los predadores. Las escamas son engrosamientos de la capa más externa de la piel y están formadas principalmente de una sustancia córnea llamada queratina parecida a las uñas de los dedos humanos. La capa más externa de la piel se muda de vez en cuando y se renueva a partir de las células de la capa interna. Este proceso proporciona espacio para el crecimiento y reemplaza la piel gastada. Los lagartos y serpientes poseen un período especial de muda. Casi todos los lagartos cambian la piel a grandes trozos, a menudo durante varios días, mientras que las serpientes la mudan entera, en una sola vez.

La piel vieja es frágil y se rompe fácilmente

El tipo de piel varía bastante de unas especies a otras. Puede tener surcos o puede formar erizadas espinas protectoras, como en las colas de algunos lagartos. También puede formar crestas en el cuello, el dorso o la cola. En casi todas las serpientes, las escamas ventrales forman una serie de anchas láminas superpuestas, que ayudan al movimiento (págs. 52-53).

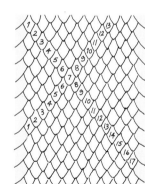

El patrón de distribución de las escamas en distintas partes de la cabeza y el cuerpo ayuda a los especialistas a identificar a los reptiles. Por ejemplo, en las serpientes el número de filas de escamas en la línea media del cuerpo y el número de escamas ventrales es un dato especialmente valioso.

Dorso de un caimán

Piel lisa del vientre de un caimán.

La «armadura» del caimán está formada por escamas córneas y ásperas, placas, a todo lo largo del dorso y la cola. Las escamas dorsales están reforzadas por placas óseas.

Las escamas de la piel del camaleón se levantan en forma de cresta puntiaguda que recorre la longitud del dorso.

Las escamas de los escíncidos son lisas, lo que evita que el lodo se les quede pegado.

Los lagartos gerrosauros, al igual que los caimanes, tienen placas óseas bajo las escamas.

La nueva piel
es lisa y brillante

El final de la cola de las serpientes
de cascabel está formado por una
serie de piezas huecas de queratina
trabadas entre sí y cada vez que la serpiente muda se le añade un
nuevo segmento. Para advertir a sus enemigos desde lejos, la
serpiente hace vibrar el cascabel agitando la cola de forma que
las piezas chocan entre sí produciendo el sonido típico. Es
un mecanismo simple, pero efectivo.

Aproximadamente
cuatro veces al año el
lución se desprende de su
piel a grandes jirones.
Aunque parece una serpiente,
en realidad es el único lagarto
ápodo de Europa. Los lagartos
adultos mudan por regla general
una vez al mes en épocas de
máxima actividad. Algunos
arrancan su vieja piel con
la boca y comen los trozos,
mientras que el lución se
desprennde rápidamente de
la piel vieja de forma
parecida a las serpientes. La
necesidad de mudar se
mantiene a lo largo de la
vida ya que los reptiles
nunca paran de crecer,
aunque el crecimiento sea
casi imperceptible cuando
son viejos.

Cuando un gato afila sus uñas está también desembarazándose de tejido
muerto. Igualmente las personas renovamos las células externas de la piel
cuando se van muriendo, aunque sólo en trocitos muy pequeños cada vez.
También los humanos al crecer tenemos que «cambiar» regularmente
nuestros vestidos; al igual que las serpientes, necesitamos una «piel»
nueva y más grande. Las ropas nos protegen del ambiente externo, ya que
nuestra piel no es tan eficiente como la de los reptiles.

Algunos días antes de que
una serpiente esté lista para
mudar, sus ojos se vuelven
blanquecinos. La piel
aparece apagada y sin color,
pierde el apetito e incluso
puede volverse agresiva.
Muchas serpientes además
van en busca de agua ya que
pierden una considerable
cantidad de fluidos
corporales junto con la piel.

Las serpientes son capaces de
deslizarse fuera de su vieja piel
dejándola atrás, normalmente en
una sola pieza. Pueden hacer esto
porque no tienen patas que estorben
al proceso y porque la piel externa se
desprende entera como una camisa. La muda
comienza alrededor de los bordes de las
mandíbulas. La serpiente frota los lados de
la cabeza contra el suelo para volver la
piel del revés y después se arrastra fuera,
dejándola totalmente vuelta. A menudo
en menos de media hora la serpiente
emerge brillante y reluciente con colores y
escamas nuevos.

Parte dorsal

Piel de culebra ratonera adulta

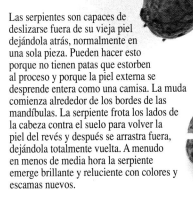

Piel de culebra ratonera joven

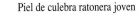

Parte ventral

Las serpientes jóvenes mudan pronto
después del nacimiento y unas siete veces
en su primer año de vida.

Selección de serpientes

LAS SERPIENTES NO TIENEN PATAS, párpados ni tímpanos y, a pesar de ello, se arreglan muy bien para sobrevivir; incluso son unas de las criaturas más temidas por los hombres, lo que probablemente se deba a un miedo ancestral ante su raro aspecto. Aunque de 30 a 40.000 personas mueran cada año por su causa, sólo la décima parte de ellas son peligrosas para el hombre. Existen aproximadamente 2.500 especies de serpientes, desde las filiformes de 10 cm hasta las pitones de 10 m.

Cuando se siente amenazada, la culebra hocicuda mexicana, que es inofensiva, intenta un truco defensivo desagradable pero eficaz. Se enrolla sobre sí misma, esconde la cabeza debajo y levantando la cola, la agita al aire a la vez que dispara un líquido sanguinolento por el orificio anal. Vive en las praderas y desiertos de Estados Unidos y México y utiliza su hocico afilado para excavar.

Esta culebra malgache, opistoglifa y ligeramente venenosa, rara vez muerde a la gente, le basta con su dieta de micromamíferos y anfibios. Si se la asusta aplasta el cuello (como una cobra) y silba vigorosamente. Se refugia en madrigueras en las praderas de Madagascar y crece hasta 152 cm de longitud.

Otra serpiente inofensiva es la culebra real de las montañas de California, llamada también culebra real de coral. Es una de las más atractivas culebras de Norteamérica. Cuando tiene buena temperatura, descansa de día y caza de noche, principalmente lagartos, otras culebras y pajarillos. De hasta 102 cm de longitud, se la encuentra desde el norte de California hasta el sur del estado de Washington.

Esta especie americana, la culebra del maíz, se llama así porque las manchas abigarradas de su vientre reproducen el diseño de colores de los granos del maíz indio. No es venenosa. La más larga que se ha encontrado medía 183 cm.

La culebra real de bandas grises es tan tímida que rara vez se la encuentra en el campo. A pesar de sus costumbres reservadas es un animal doméstico muy popular y se reproduce bien en cautividad. Los adultos llegan a medir 121 cm y se alimentan principalmente de lagartos.

Medusa era un ser terrorífico cuya cabeza estaba cubierta de una maraña de serpientes y cualquiera lo bastante desafortunado para atreverse a mirarla se convertía inmediatamente en piedra.

En Irlanda no hay serpientes porque según la leyenda, San Patricio las desterró para librar al país del mal.

Desde que el demonio, en forma de serpiente, tentó a Eva para que comiera la fruta del árbol prohibido del Paraíso, las serpientes no han sido muy populares. Alberto Durero hizo esta pintura que representa la escena en 1504.

La násico vive en el sureste asiático. Se pasa horas colgada de los árboles, completamente inmóvil, perfectamente camuflada debido al color verde claro y a la esbeltez de su cuerpo. La disposición de los ojos, en un solo plano, le proporciona una visión binocular que le permite calcular muy bien las distancias cuando se lanza sobre cualquier lagarto que pase.

La inofensiva culebra de leche de Sinaloa se parece mucho a la venenosísima serpiente de coral. Por suerte para ella, a un buen número de predadores esto les puede hacer desistir de comérsela. Se las llama así porque se cree erróneamente que ordeñan la leche de las vacas.

La mocasín de cabeza cobriza es un miembro norteamericano de la familia de los crótalos. Como sus parientes las serpientes de cascabel, puede producir una mordedura peligrosa. El veneno penetra en el torrente sanguíneo de la víctima causando hemorragias internas. No suele ser mortal.

— Ojos frontales

La culebra voladora es una serpiente arborícola de movimientos rápidos y enérgicos, que vive en el sur de Asia. Es diurna, se cuelga en lo alto de los árboles, en lo más espeso del bosque, acechando el paso de lagartos y alguna que otra rana. Salta de rama en rama e incluso planea en el aire a niveles más bajos. Cuando quiere descender lentamente aplana el cuerpo para ofrecer mayor resistencia al aire.

Multitud de lagartos

EXISTEN APROXIMADAMENTE 3.000 ESPECIES DE LAGARTOS. Forman el grupo de mayor éxito dentro de los reptiles, habiendo desarrollado muchos estilos de vida diferentes. Aunque la mayoría vive en el suelo, muchos lo hacen en los árboles, algunos tienen hábitos subterráneos e incluso los hay de costumbres acuáticas. Existen lagartos sin patas, parecidos a serpientes. Otros pueden planear y «volar». Gekos, iguanas, camaleones, escíncidos y varanos son sólo unos pocos de los lagartos que viven en la actualidad.

Pese a su fiera apariencia el erizado moloch es inofensivo y se alimenta casi exclusivamente de hormigas. Además de constituir un bocado demasiado espinoso para los predadores, las espinas tienen otro uso: el rocío se condensa en ellas y se desliza hacia la boca del lagarto, lo que le permite vivir semanas sin beber.

La cresta de la iguana verde se dispone como las púas de un peine a lo largo de la espalda, lo que facilita su observación en el campo; a menudo se la localiza tomando el sol en los árboles.

El tiliqua o eslizón de lengua azul es un escíncido y se llama así por el color de su lengua, que continuamente lanza fuera y dentro de la boca. Es vivíparo y se mueve con bastante rapidez si es necesario, a pesar de su torpe apariencia.

El dragón de Komodo, un varánido, es el mayor lagarto viviente del mundo. Se capturó un individuo de 3,10 m de longitud y el increíble peso de 165,6 kg. Se encuentra solamente en algunas islas de Indonesia.

Los gerrosauros poseen resistentes placas óseas bajo las escamas. Normalmente estos lagartos tienen largas colas, pero en éste vemos claramente que se «salvó por un pelo» y todavía no ha regenerado la cola completa (págs. 24-25).

El gerrosauro, como el resto de su familia tiene el cuerpo aplastado y gruesas escamas protectoras, para que pueda deslizarse fácilmente dentro de las rendijas de las piedras. Cuando es amenazado por un predador, se encaja en una grieta e infla el cuerpo de forma que resulta muy difícil sacarlo.

Los gekos leopardo tienen de especial que poseen párpados móviles. El resto de los gekos, igual que las serpientes, no pueden parpadear porque sólo tienen una «lente» fija y transparente que les protege el ojo. Sus dedos acaban en minúsculas almohadillas fuertemente adhesivas, lo que les permite pegarse a superficies lisas.

El camaleón lleva por lo general una vida bastante tranquila, lo que es una suerte, ya que aparte de su facilidad para cambiar de color tiene pocas defensas contra sus enemigos. El macho del camaleón de Jackson está mucho mejor equipado que la mayoría; su aspecto prehistórico, con los tres cuernos puntiagudos, podría disuadir a un buen número de enemigos.

El eslizón esmeralda posee una piel lisa y brillante; pasa la mayor parte de su vida corriendo por las ramas de los árboles y rara vez baja al suelo. Vive en Indonesia.

Eslizón esmeralda

Los camaleones poseen dedos singulares, muy bien adaptados para la vida arborícola. Se distribuyen de tal manera que los pies son capaces de asirse a una rama con mucha seguridad, mientras que la cola ofrece un soporte extra enroscándose y entrelazándose con cualquier ramita. Este camaleón de Madagascar, como muchos otros, también ostenta una extraña lengua, de punta pegajosa, que puede lanzar rápidamente hacia afuera a una longitud mayor que la de su propio cuerpo. Ello le asegura una dieta rica en insectos y otros pequeños invertebrados.

En el arte chino los lagartos se han convertido en magníficos dragones. El dragón, en el folclor chino, representa el renacimiento y la fertilidad. Como se cree que es una mansa criatura que reparte felicidad, juega un destacado papel en los famosos festivales callejeros de muchas comunidades.

Cola fuerte usada para asegurar la postura y guardar el equilibrio.

Este lagarto ocelado vive en Europa y norte de África. Es uno de los más grandes de nuestro continente llegando a medir a veces los 80 cm. Es tímido y en realidad bastante terrestre pero también puede trepar bien.

Galápagos y tortugas

En la mitología hindú, después de una de las grandes inundaciones, el dios Vishnú regresó a la tierra como el galápago Kurma para ayudar a rescatar al mundo.

Los REPTILES CON CAPARAZÓN (quelonios) se encuentran en casi todos los lugares templados y cálidos del mundo. Hay entre 250 y 300 especies, el caparazón las protege de golpes y sacudidas, de las malas condiciones climáticas y de los predadores. Es también un buen camuflaje. Pueden vivir en agua dulce o salada y en la tierra. Normalmente se les llama galápagos a los que viven en el agua, y tortugas a las terrestres; aunque en ocasiones el término galápago se restringe a las de agua dulce y a las otras se las denomina tortugas marinas. Todos los quelonios ponen huevos en tierra en gran variedad de hábitats: algunos en la arena, otros bajo la capa de vegetación muerta que recubre el suelo en algunos sitios y algunos en madrigueras de otros animales. El número de huevos de la puesta varía con el tamaño corporal de la madre. Las especies pequeñas suelen poner entre uno y cuatro, mientras que algunas tortugas marinas gigantes ponen regularmente casi 100 huevos a la vez.

Charles Darwin escribió sobre las Islas Galápagos del océano Pacífico en 1835. Describió las gigantescas tortugas terrestres adaptadas a vivir en sus propias islas. Las hay de dos tipos, unas que tienen el caparazón doblado hacia arriba en forma de silla de montar, lo que les permite levantarse un poco con las patas y comer la vegetación más alta, y otras que tienen el caparazón normal, en forma de cúpula y que comen la hierba del suelo.

El caparazón cubre el dorso

En la isla de Santa Cruz, de las Islas Galápagos, una tortuga macho gigante de cerca de 1 m de longitud vive sola. Parece ser la última superviviente de la vecina Isla Pinta. Se han hecho intentos de encontrar alguna hembra de la misma isla pero sin éxito; todo parece indicar que George vivirá y morirá solo.

Los galápagos de agua dulce son principalmente herbívoros y pasan la mayor parte del tiempo en el agua, excepto cuando salen a tierra a solearse. Los pulmones de algunos de estos galápagos del sur de Asia están encerrados en cajas óseas formadas por las propias paredes internas de la concha, lo que les protege del aumento de presión cuando bucean en aguas profundas. El galápago europeo se encuentra por toda Europa, oeste de Asia y noroeste de África. Es una criatura tímida que se lanza al agua en cuanto alguien se acerca.

El plastrón cubre el vientre

La concha está formada por 59-61 huesos, y tiene dos partes, el caparazón o espaldar y el peto o plastrón.

A estos galápagos se les llama orejas rojas debido a la ancha banda roja que tienen a los lados de la cabeza. Son mansos y atractivos, lo que les hace muy populares como animales de acuario; desgraciadamente en cautividad rara vez alcanzan la madurez debido a falta de vitaminas y minerales. Viven en ríos y lagunas de Estados Unidos. Cuando trepan fuera del agua para tomar el sol suelen ponerse sobre troncos, en ocasiones tan apilados que forman varias capas.

Las bandas rojas o amarillas hacen que este galápago sea fácilmente reconocible.

El plastrón y el caparazón se juntan a ambos lados por un puente óseo.

La concha de los galápagos «blandos» no tiene placas córneas, sino tacto coriáceo. Se los encuentra normalmente enterrados en las orillas fangosas de charcas y ríos de África, Asia, Indonesia y Norteamérica, aunque como al resto de los galápagos, les gusta salir a tomar el sol. Pueden respirar dentro del agua estirando sus largos cuellos hasta sacar fuera su nariz en forma de tubo. Se esconden de sus enemigos pero son cazadores fieros y efectivos, capaces de atacar a la velocidad del rayo.

La tortuga laúd es la más grande de todas las tortugas vivientes, y de acuerdo con algunos récords, también la más pesada. En 1988 este enorme ejemplar se ahogó cuando se enredó en el sedal de un pescador. Fue arrojada a la playa en Harlech Bay, Gales. Pesó 752 kg, siendo la mayor que nunca se ha pesado. Estos animales crían en el Caribe; luego, siguiendo a las medusas, que son su principal alimento, cruzan el Atlántico.

Caparazón de tortuga estrellada.

Concha de tortuga carey

Grandes escamas, llamadas placas, cubren el hueso del caparazón.

Caparazón de tortuga radiada

La forma de la concha está adaptada a las distintas formas de vida de las tortugas. Así, las terrestres normalmente tienen caparazones abultados en forma de cúpula como defensa contra las poderosas mandíbulas de sus predadores. Los galápagos tienden a tener conchas aplastadas, que son aerodinámicas, para facilitar los movimientos dentro del agua. Las tortugas de concha blanda tinen el caparazón aún más aplastado para camuflarse bajo la arena y el lodo.

Un animal peligroso

Popularmente se creía que el galápago de Temminck o tortuga aligator era el resultado de cruzar un galápago con un aligator. Tanto su nombre como su fiero aspecto se corresponden perfectamente con sus hábitos. Puede llegar a hacer bastante daño, si muerde a una persona en las manos o en los pies con sus afiladas mandíbulas y la fuerza de su poderosa cabeza. Pasa la mayor parte del tiempo en el agua; cuando está «pescando» al acecho permanece inmóvil en el lecho del río con la boca completamente abierta.

Comerá prácticamente cualquier cosa que le entre, incluyendo caracoles y almejas, incluso otros galápagos. Si algo es demasiado grande para engullirlo de una pieza, simplemente lo cortará en dos con las mandíbulas. Es uno de los mayores galápagos de agua dulce del mundo y puede crecer hasta 66 cm y pesar hasta 91 kg.

Apéndice vermiforme, es decir, en forma de gusano

Mandíbulas afiladas para cortar las presas.

Una de las características más curiosas del galápago de Temminck es el apéndice vermiforme que tiene en la punta de la lengua, que cuando es necesario se llena de sangre y se vuelve rojo, de forma que parece una lombriz en el anzuelo de un pescador. Tiene una «cola» ancha al final y una «cabeza» estrecha al principio. Cuando el galápago tiene hambre, se tiende muy quieto en el fondo del río, abre la boca y agita la «lombriz». Si alguna presa imprudente se siente tentada y pica el cebo, las mandíbulas se cerrarán de golpe sobre ella.

El galápago se levanta sobre sus patas delanteras cuando se enfrenta con un agresor.

El extraño mata-mata es un galápago de Suramérica que, como el galápago de Temminck, acecha a sus presas tumbado en el fondo de los ríos, mediante otro peculiar método de caza. Cuando una presa se aproxima, dilata su garganta de forma que se crea una corriente de agua lo suficientemente fuerte para succionar a la confiada presa hasta dentro de sus mandíbulas.

El caparazón rugoso y áspero proporciona protección y camuflaje.

La tortuga aligator se asemeja totalmente a una piedra, especialmente cuando su rugoso caparazón está recubierto de algas. Depende de tan soberbio camuflaje para atrapar a sus presas. Los bañistas descuidados en este río de EE.UU podrían sufrir heridas graves en los dedos de dos pies por sus afiladas mandíbulas.

Las poderosas patas delanteras las usa a veces para sujetar a las presas.

El clan de los cocodrilos

LOS COCODRILOS, junto a sus parientes, aligatores, caimanes y gaviales, son animales muy antiguos. Pertenecen al mismo grupo de criaturas que incluía a los dinosaurios y a los antepasados de las aves. La familia de los cocodrilos pasa mucho tiempo tomando el sol o descansando en el agua, aunque cuando hace falta son capaces de moverse muy rápidamente, atacando con una fuerza y precisión inmensas. A pesar de su ferocidad los cocodrilos cuidan de sus crías más que cualquier otro grupo viviente de reptiles. Las mismas mandíbulas sonrientes que pueden matar a un animal tan enorme como un ñu, pueden acarrear y proteger a jóvenes de sólo unos centímetros de longitud.

Sobek, el dios cocodrilo del antiguo Egipto, pasó gradualmente de ser un dios menor protector a una de las más importantes deidades egipcias. No se sabe si se le convirtió en dios por lo temido que era.

Cráneo de gavial, visto desde arriba

En el antiguo Egipto muchos animales, incluyendo al cocodrilo, eran considerados sagrados. En algunos templos se les cuidaba en piscinas especiales y se les adornaba con collares de oro y piedras preciosas. Cuando morían eran embalsamados o momificados.

La reina Isabel I de Inglaterra mantuvo prisionera a la reina María Estuardo desde 1569 hasta 1584. Ella y su carcelera se pusieron a trabajar realizando un impresionante tapiz. El cocodrilo es uno más entre los muchos animales que bordaron. Posiblemente esta tarea sirvió para tranquilizar a María mientras esperaba su ejecución.

El más extraño de todos los cocodrilos, el gavial, tiene un hocico largo y estrecho con dientes más bien pequeños y afilados. El hocico va barriendo el agua a la vez que los dientes, entrelazados y con la curvatura hacia afuera, son perfectos para capturar peces resbaladizos. Los machos adultos expulsan a sus rivales con un poderoso zumbido que hacen a través de una protuberacia que tienen en la nariz. El ruido, muy convincente considerando que sus mandíbulas no son muy poderosas, se produce cuando el gavial espira el aire.

Cráneo de gavial, visto de costado

Caimán

Cráneo de caimán,
visto de lado

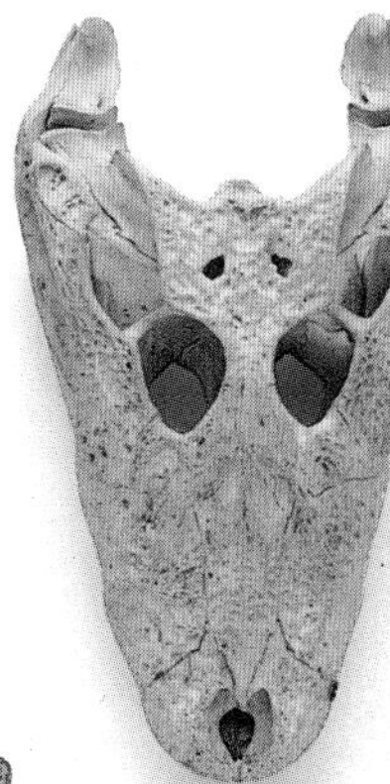

Cráneo
de caimán
visto desde
arriba.

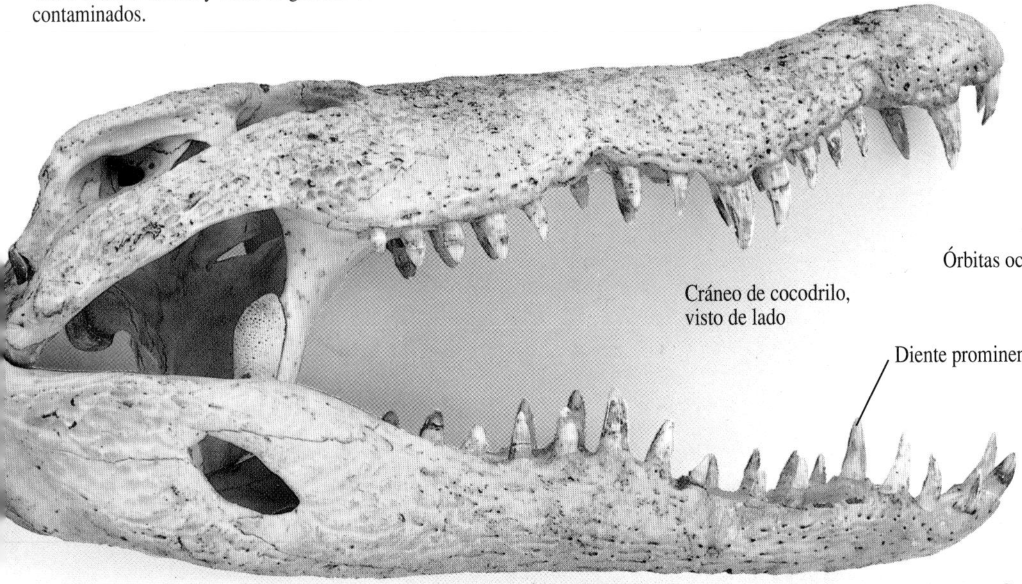

Los caimanes pertenecen a la familia de los aligatores. Tienen hocicos más bien cortos y anchos y lo mismo que en sus parientes los dientes de la mandíbula de abajo son prácticamente invisibles cuando mantienen la boca cerrada. Los caimanes jóvenes comen insectos principalmente, pero cuando crecen su dieta incluye caracoles, peces, mamíferos y aves. Una especie de caimán de hocico ancho es particularmente adaptable habiéndosele visto a veces en abrevaderos y cerca de grandes ciudades en ríos altamente contaminados.

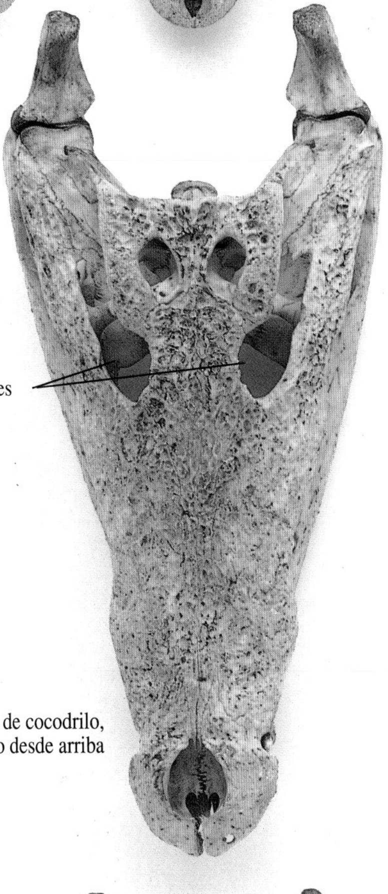

Órbitas oculares

Cráneo de cocodrilo,
visto de lado

Diente prominente

Cráneo de cocodrilo,
visto desde arriba

En los cocodrilos, algunos dientes de la mandíbula de abajo sobresalen por encima de la mandíbula superior cuando mantienen la boca cerrada. Son perfectos para asir y perforar, pero no tanto para cortar y masticar. Cuando un cocodrilo está comiendo un animal tan grande como un búfalo, agarrará parte de la carcasa con sus mandíbulas y rodará una y otra vez hasta que logre arrancar un buen trozo de carne.

Cráneo de aligator,
visto de lado

Foramen de la
mandíbula inferior

Aunque tiene un aspecto torpe y pesado, el aligator americano puede usar las mandíbulas con sorprendente delicadeza. Por ejemplo, la hembra a veces ayuda a la eclosión de sus huevos metiéndoselos en la boca donde los hace rodar cuidadosamente contra el paladar con la lengua, hasta que los casca. Es un animal muy grande que alcanza los 6 m de longitud.

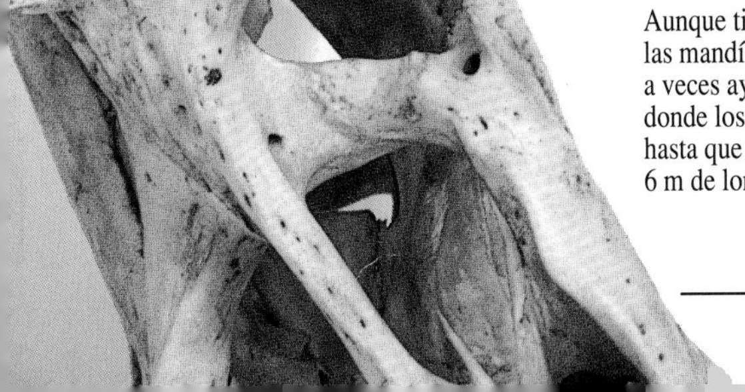

Cráneo de
aligator

Orificios
nasales

El fósil viviente

EL TUATARA ES UN «FÓSIL VIVIENTE»; se le llama así porque es el único superviviente de un grupo de animales extinguidos, a los que sólo se puede encontrar fosilizados en rocas. De hecho es notable que el tuatara haya sobrevivido y realmente no se sabe por qué, ya que sus parientes más cercanos se extinguieron hace millones de años. Hoy día los tuataras viven en unos pocos islotes de la costa de Nueva Zelanda, donde son activos de noche. Habitan en madrigueras que a menudo ocupan también las aves marinas (págs. 60-61). Aunque externamente se parecen mucho a los lagartos, difieren de ellos en muchos aspectos. Los tuataras tienen una tasa metabólica baja (la tasa de conversión de comida en energía), y son capaces de funcionar bien a temperaturas mucho menores que el resto de los reptiles. También tienen un ritmo de crecimiento extremadamente bajo y, a veces, continúan creciendo hasta los cincuenta o sesenta años de edad.

Macho

Hembra

Existen restos fosilizados de *Homoeosaurus*, un animal parecido al tuatara que vivió hace unos 140 millones de años en lo que ahora es Europa. En ese tiempo, los *Sphenodontida*, el grupo al que pertenecen el tuatara y sus parientes fósiles, estaba muy extendido y contaba con animales bien adaptados. Parece probable que los esfenodóntidos se separaran de los lagartos primitivoos hace aproximadamente 200 mmillones de años.

Patas cortas y fuertes, adecuadas para excavar madrigueras.

La palabra maorí tuatara, significa «picos en la espalda» y se refiere a la cresta que recorre el dorso y la cola.

Otro verdadero fósil viviente es el celacanto, que significa «espina hueca». Fue el nombre que se le dio a un grupo de peces que vivieron hace entre 300 y 90 millones de años. Se pensó que estaban extinguidos desde entonces y se les conocía sólo como fósiles. Sin embargo, en 1938 se capturó un celacanto vivo en la costa de Suráfrica y se confió en que pudieran vivir más individuos en la región. Pero hasta catorce años después no se encontró la «morada» de los celacantos en las aguas profundas de la costa de las Islas Comores, al noroeste de Madagascar.

Los machos de tuatara crecen hasta una longitud de 61 cm; las hembras son ligeramente más cortas. Alcanzan la madurez sexual sobre los veinte años de edad y posiblemente pueden vivir más de ciento veinte años. No tienen orificios auditivos externos, y el macho carece de órgano sexual. Después de la cópula la hembra guarda el esperma 10 ó 12 meses y luego pone de 5 a 15 huevos en una madriguera poco profunda. Los huevos no eclosionan hasta 15 meses más tarde, el período de incubación más largo que se conoce en reptiles, y los jóvenes son autosuficientes inmediatamente después de nacer.

Un «tercer» ojo sensible a la luz es visible en los animales jóvenes pero no en los adultos ya que la piel se espesa sobre este punto. Puede regular el «reloj biológico» del tuatara y probablemente también actúa como termostato.

Los dientes son parte del hueso de la mandíbula que, simplemente, tiene los bordes aserrados.

Arcos óseos

El cráneo de los tuataras difiere del de los lagartos en que tiene dos arcos temporales y es parecido al de los cocodrilos. En la mayoría de los lagartos se ha perdido el arco inferior, mientras que en serpientes y amfisbaénidos se han perdido ambos arcos.

A pesar de que el ornitorrinco y el equidna no son estrictamente «fósiles vivientes», son desde luego mamíferos primitivos y muy extraños. El ornitorrinco tiene pico de pato y cola de castor y el espinoso comedor de hormigas se parece mucho a un erizo. Como los reptiles, estos dos animales son ovíparos.

Ornitorrinco

Equidna

La alimentación

CASI TODOS LOS REPTILES SON CARNÍVOROS. Los cocodrilos y las serpientes lo son estrictamente y han perfeccionado métodos para ingerir sus alimentos; algunas serpientes, incluso, tienen dietas especializadas que incluyen huevos de aves (págs. 44-45) y de peces (los comen algunas serpientes marinas). La mayoría de los lagartos son también predadores, alimentándose de insectos, mamíferos, aves y otros reptiles. El dragón de Komodo tiene dientes aserrados, parecidos a los de un tiburón, que usa para cortar pedazos de carne de presas tan grandes como búfalos carabaos. Sin embargo, entre los lagartos, las grandes iguanas, algunos de los mayores escíncidos y unos pocos agámidos son principalmente vegetarianos. Las tortugas terrestres comen una gran variedad de plantas, pero a veces también comen carne. Los galápagos de agua dulce suelen comer gusanos, caracoles, peces y otros animalillos. Las tortugas de mar generalmente se alimentan de medusas, cangrejos, moluscos y peces, pero también comen plantas. De hecho la tortuga verde come pocas cosas que no sean algas.

Muy pocas tortugas terrestres o marinas poseen la suficiente velocidad o agilidad para capturar presas que se muevan rápidamente. En consecuencia, la mayoría comen vegetales, o animales lentos tales como moluscos, gusanos y larvas de insectos. Se aprovechan de toda la comida que tengan cerca; por ejemplo, a la tortuga mora le gustan tanto las plantas carnosas como los pedazos de algún animal muerto que encuentre de vez en cuando.

En *Peter Pan* de J. M. Barrie, al capitán Garfio lo persigue un cocodrilo que previamente se había comido su mano ¡y andaba buscando más! Durante cierto tiempo el ruido del tic-tac del reloj que el cocodrilo tenía en el estómago, le ayudó a escapar, pero finalmente Garfio fue atrapado.

Los cocodrilos del Nilo ocasionalmente comparten el cadáver de un animal grande de la talla de un ñu o un búfalo. Los estómagos de los cocodrilos son sólo del tamaño aproximado de un balón de baloncesto, por lo que no pueden comer un animal grande de una vez. A menudo dejan la presa en algún sitio para acabársela más tarde y esto ha llevado a la creencia errónea de que los cocodrilos comen carne podrida, escondiendo a los animales recién muertos hasta que están «en su punto». De hecho prefieren la carne fresca.

Brazaletes

Piezas de concha de tortuga

Piedras

Ajorca

Espinas de puercoespín

Los cocodrilos a menudo devoran objetos duros y pesados, tales como piedras o trozos de metal. ¡Lo único que cabe esperar es que nadie llevara puesta la ajorca cuando se la tragaron! Puede que el cocodrilo coma objetos para ayudar a la digestión.

Diente reemplazado   Diente en uso

Diente en desarrollo

Los mamíferos tienen dos series de dientes: los infantiles o de leche y los de adultos o definitivos. Los cocodrilos en cambio renuevan los dientes durante toda su vida, con nuevas piezas que van reemplazando constantemente a las gastadas. Los dientes nuevos salen a través de los alvéolos de los dientes que aún están en uso.

Los lagartos ocelados viven principalmente en tierra, pero también son excelentes trepadores. Los grillos y saltamontes son su comida favorita.

Despuéés de perseguirlo rápidamente, el lagarto occelado coge al grillo con sus mandíbulas y lo sacude violentamente hasta dejarlo sin sentido. Lo pasa al fondo de la boca, moviendo las mandíbulas sobre su presa en una sucesión de movimientos rápidos y secos. Los dientes cogen y sueltan al grillo alternativamente cuando las mandíbulas suben y bajan. Es importante que el lagarto se mueva rápidamente, porque puede que el grillo no esté totalmente inconsciente y no desaprovechará ninguna oportunidad para intentar escapar. La mayoría de los lagartos son insectívoros y en algunas áreas son importantes para mantener bajo control las poblaciones de insectos.

Con unas lenguas tan largas como el cuerpo y la cola juntos, los camaleones han sido descritos como los tiradores más certeros de los lagartos. Su lengua es hueca y no bifurcada, con una amplia punta pegajosa, y contrayendo un músculo puede ser lanzada desde la boca a gran velocidad y con una precisión tremenda. Una segunda serie de músculos sirve para retraerla a la boca, donde permanece plegada hasta que se necesite otra vez.

Un apretado abrazo

Hay algunos relatos de Asia y África de humanos muertos y tragados por alguna de las especies más grandes de pitones. En uno de los libros de *Tintín*, Zorrino el guía logra escapar (contrariamente a lo que parece aquí), salvado justo a tiempo por su amigo Tintín.

Todas las serpientes son carnívoras. No hay ninguna vegetariana y han tenido que desarrollar muchas maneras diferentes de matar a sus presas. Algunas las matan con veneno (págs. 42-43), pero las boas y las pitones comen sobre todo mamíferos a los que matan por constricción. Las constrictoras no estrujan a sus presas, como piensa la mayoría de la gente, sino que enrollan su cuerpo alrededor de la pataleante víctima, haciendo más y más penosa su respiración hasta que al final logran asfixiarla, aplicando justo la presión necesaria para interrumpir los movimientos respiratorios.

Cualquier mamífero, desde un ratón a un ciervo, puede resultar elegido dependiendo del tamaño de la serpiente; de hecho las serpientes gigantes pueden tragar animales sorprendentemente grandes. Una anaconda de unos 8 m de longitud puede comerse un caimán de cerca de 2 m de largo, aunque puede tardar más de una semana en digerirlo.

EN GRAVE PELIGRO
Los que actúan con grandes serpientes en circos y espectáculos de variedades corren grandes riesgos. Esta bailarina estuvo a punto de ser asfixiada por una pitón y fue rescatada sólo unos pocos segundos antes de una muerte cierta.

2 ABRAZO MORTAL
La serpiente constrictora reacciona a cada leve movimiento de la rata apretando su abrazo todo el tiempo. Responde incluso a las más pequeñas vibraciones producidas por los latidos del corazón de la rata, y no la liberará hasta que finalmente cese el latido cardíaco. La muerte es bastante rápida y rara vez resultan huesos rotos. La culebra cambia la postura de la rata para poder tragarla empezando por la cabeza. De esta manera se desliza con facilidad garganta abajo.

3 BOCA GRANDE
La boca de una serpiente es muy flexible. Sus mandíbulas se mueven fácilmente; tanto la superior como la inferior se pueden mover de lado a lado, mientras que los dientes, curvados hacia atrás, agarran firmemente a la presa. Como las poderosas mandíbulas van moviéndose sobre la cabeza de la rata, parece que la serpiente se está paseando por encima de su comida.

4 LA SEGURIDAD ES LO PRIMERO
Un animalillo puede desaparecer completamente en uno o dos tragos, pero las víctimas más grandes tardan una hora o más en ser tragadas. El acto de tragar es fundamentalmente automático, porque son los músculos troncales los que hacen avanzar a la presa. Sin embargo, si a una serpiente se le asusta o molesta cuando está comiendo, es capaz de regurgitar la comida para escapar.

El cuerpo puede agrandarse para tragar presas voluminosas.

5 COMO UN GUANTE
Ahora casi toda la rata ha desaparecido. El ligamento flexible, parecido más bien a un músculo elástico que conecta las dos mitades de la mandíbula inferior, permite a la serpiente abrir la boca muchísimo. Como se fuerza a la mandíbula inferior a separarse, dicho músculo se estira hasta tomar la forma de la presa.

Si una presa que pase cerca implica una lucha peligrosa, normalmente la serpiente se puede permitir el lugo de ignorarla. Después de un enorme banquete, cuando una constrictora pudiera estar ocupada digiriendo un leopardo entero, puede que no coma de nuevo hasta pasado un año.

1 COLMILLOS DE MUERTE
Cuando una boa constrictora hambrienta ataca a su presa, su problema es encontrar un extremo por donde pueda empezar a engullirla; este extremo normalmente es la cabeza. Si la víctima se retuerce y es gorda como esta rata, la serpiente la atacará con sus largos dientes delanteros y una vez asegurada la presa con sus mandíbulas empezará a enrollarse alrededor.

La presa empieza a ser engullida por la cabeza de forma que no puede atacar a la serpiente.

Mandíbula cerrada

Mandíbula abierta

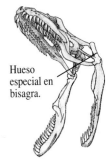

Hueso especial en bisagra.

Las mandíbulas de una serpiente son muy flexibles, por lo que pueden tragar a sus presas enteras empezando por la cabeza, aún cuando el cuerpo de la víctima sea más ancho que el suyo. Un hueso especial, que une la mandíbula inferior con el cráneo, funciona como una doble bisagra; también la mandíbula inferior se puede extender a los lados, puesto que las dos mitades están conectadas en la barbilla por un ligamen flexible que funciona como un músculo elástico.

Cuando una culebra real de California se encuentra a una serpiente de cascabel, atrapa con sus mandíbulas al crótalo justo por detrás de la cabeza y después enrolla su cuerpo alrededor de la víctima apretando hasta que la asfixia.

En Kenia, una gacela de Thompson cae víctima de un guepardo. Las sólidas mandíbulas del felino se cierran sobre la garganta de la presa, probablemente asfixiándola de la misma manera que lo hace una boa. Pero no sabe realmente si la gacela muere por estrangulación, o si más bien es rematada por los cortantes y afilados dientes y las poderosas garras del guepardo.

6 EL FINAL DEL CAMINO
En este momento la serpiente tendría que afrontar problemas respiratorios, pero los soluciona empujando su tráquea hacia la parte delantera de la boca, usándola como un tubo respiratorio incorporado.

Los venenos

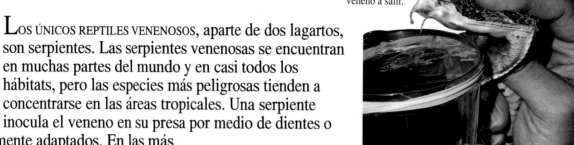

Músculos faciales contraídos, forzando al veneno a salir.

LOS ÚNICOS REPTILES VENENOSOS, aparte de dos lagartos, son serpientes. Las serpientes venenosas se encuentran en muchas partes del mundo y en casi todos los hábitats, pero las especies más peligrosas tienden a concentrarse en las áreas tropicales. Una serpiente inocula el veneno en su presa por medio de dientes o colmillos especialmente adaptados. En las más peligrosas, como las víboras, cobras y serpientes marinas, los colmillos se encuentran delante, en la mandíbula superior, pero en otras se pueden colocar en la parte de atrás. El veneno es una complicada mezcla que afecta al sistema nervioso de las víctimas, a los tejidos o a la sangre, o a las tres cosas a la vez. Su principal objetivo es atontar a la presa para que después la serpiente pueda matarla, pero a veces también se usa como defensa. Sin embargo, la mayoría de las serpientes intentará evitar un combate, escapando siempre que sea posible.

Ordeñar el veneno de las serpientes es todavía una práctica común en muchas partes del mundo; ese veneno se usa para obtener suero (líquido usado en medicinas para prevenir la acción del veneno) contra las mordeduras. Se sujeta a la serpiente por detrás de la cabeza y se la hace morder a través de un tejido que cubre la boca de un pequeño recipiente. Entonces se la fuerza a soltar el veneno con una suave presión en la glándula que lo contiene, que está situada en las mejillas. Con el tiempo el animal produce más veneno.

Las serpientes de cascabel son extremadamente venenosas. Se las llama a veces víboras de foseta, porque poseen una aguda sensibilidad al calor localizada en unas fosetas entre las narinas y los ojos, que las capacitan para localizar a sus presas por la noche. Incluso en oscuridad total pueden detectar y atacar con precisión objetos sólo una fracción de grado más cálidos que el ambiente. La creencia de que la edad de una serpiente de cascabel se puede determinar por el número de piezas del cascabel es falsa. De hecho la serpiente puede mudar y añadir una nueva pieza al cascabel dos o tres veces al año.

Serpiente marina

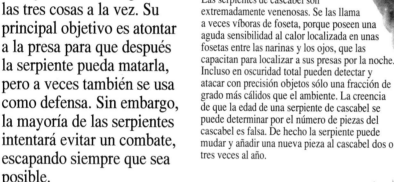

Las serpientes marinas son las más venenosas del mundo. Pueden nadar rapidísimamente y permanecer sumergidas hasta cinco horas. Hay dos especies de lagartos venenosos, el monstruo de Gila y el lagarto de cuentas. Ambos viven en el suroeste de Estados Unidos y parte de México. Su veneno procede de las glándulas salivares de la mandíbula inferior y los lagartos lo mezclan con la saliva cuando mastican a sus víctimas.

El veneno pasa a través del canal.

Agujero en el extremo del colmillo.

Glándula del veneno

Los colmillos de una serpiente de cascabel están plegados hacia atrás contra el paladar hasta que hacen falta; entonces basculan hacia delante hasta una posición vertical. Se usa un par cada vez, con uno o más pares listos y colocados ordenadamente detrás de ellos.

Monstruo de Gila

La musaraña de cola corta es el único mamífero que tiene una mordedura venenosa. Posee glándulas en la boca que producen un veneno neurotóxico. Cuando esta pequeña criatura muerde a sus presas, normalmente micromamíferos, el veneno de la saliva penetra en la herida y su poder basta para matar en segundos.

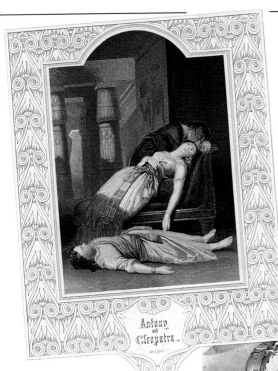

Antony and Cleopatra.

Las serpientes llevan apareciendo en la literatura cientos de años. En *Antonio y Cleopatra* de Shakespeare, Cleopatra se suicida usando un áspid, que era, según se ha pensado siempre, la cobra que se encuentra normalmente en Egipto y este de Asia. Su picadura puede ser mortal desde el momento en que la serpiente sale del huevo. A veces las serpientes también son protagonistas de películas como en *Valor de ley*, donde John Wayne examina la mano de Kim Darby, después de que ella fuera mordida.

En un tiempo se pensó erróneamente que las piedras viboreras curaban la mordedura de las serpientes. A menudo estaban hechas de hueso quemado, tiza, cuerno u otro mterial absorbente, que según la creencia, «absorbía» el veneno de la mordedura si se apretaba contra ella.

Escamas especiales que forman el cascabel.

Segmentos huecos ensamblados juntos.

Cascabel.

La vibración rápida produce un sonido crepitante.

Serpientes comedoras de huevos

EL PROBLEMA DE CAPTURAR PRESAS VIVAS se soluciona si la víctima es suficientemente joven. Algunas serpientes comen huevos exclusivamente y se han especializado para esta tarea en particular. Los huevos pequeños, especialmente los de cáscara blanda que ponen los lagartos y algunas otras serpientes, son fáciles de comer, puesto que los pueden abrir rápidamente cortando la cáscara con sus dientes. Los mayores, de cáscara dura como los de las aves, necesitan un tratamiento especial. Las verdaderas serpientes ovófagas sólo comen huevos de aves que tragan enteros, puesto que tienen pocos dientes. En cambio tienen espinas semejantes a dientes que sobresalen de la columna vertebral y perforan el huevo cuando baja por la garganta.

Dieta de huevos

El problema con una dieta a base de huevos es que no siempre hay comida disponible. En algunas partes del mundo las aves sólo ponen sus huevos en determinadas épocas del año, y así una serpiente se quedaría largo tiempo sin comida. Afortunadamente las serpientes comedoras de huevos pueden regurgitar la cáscara; esto significa que no se ocupa espacio inútilmente en el estómago y pueden comer todos los huevos que encuentren y que el animal no desaprovecha energía en pasar la cáscara a través del tubo digestivo.

2 UN DURO TRAGO
El huevo está pasando por la garganta de la serpiente; la piel del cuello es muy elástica y en esta etapa el huevo aún está entero.

La cabeza arqueada hacia abajo, apretando el huevo contra las espinas internas de hueso para perforar la cáscara.

Las escamas delicadamente entrelazadas se separan cuando la piel se estira

3 HUESOS ESPINOSOS
El paso del huevo ha sido detenido ahora por las espinas en forma de dientes de la cara interna de las vértebras del cuello.

Una válvula a la entrada del estómago acepta la yema y los fluidos, pero rechaza los trozos de cáscara.

El «abultamiento» es considerablemente más pequeño.

4 BAJANDO...
Una vez que el huevo es perforado, los músculos del cuerpo funcionan a base de ondas constrictoras para exprimir el contenido que continúa pasando hacia el estómago. Ahora la serpiente dobla su cuerpo en curvas sinuosas, forzando la expulsión de la cáscara colapsada hacia la boca.

5 Y ¡AQUÍ VIENE!
Puede tardar en tragárselo completamente desde cinco minutos a una hora, dependiendo del tamaño del huevo. Finalmente la serpiente abre mucho la boca y expulsa la cáscara en forma de cigarro puro compacto. Los fragmentos aún permanecen unidos debido a las membranas pegajosas del huevo.

Los bordes dentados de los trozos de cáscara están pegados juntos; toda la sustancia del huevo ha sido absorbida.

Cáscara regurgitada

1 La comedora de huevos africana está a punto de engullir un huevo. Parece imposible: el huevo es dos veces más ancho que el cuerpo de la serpiente. La arquitectura del cráneo es muy delicada y la boca por dentro está recubierta de pliegues adherentes.

Los pliegues de la boca sujetan el huevo en su paso hacia la garganta.

Debido a su forma, un huevo es notablemente resistente a romperse antes de ser perforado por las espinas de hueso de la serpiente.

Los varanos, que incluyen a algunos de los gigantes del mundo reptiliano, son famosos por su glotonería. Muchos viven de carroña o de animales vivos, pero incluso un nido con huevos no está a salvo si ellos andan merodeando por allí.

Supervivencia

LOS REPTILES USAN GRAN VARIEDAD DE MÉTODOS para librarse de
sus enemigos. Algunos pueden camuflarse (págs. 48-49) para
evitar ser descubiertos a primera vista. Otros pueden asustar a
los predadores hinchándose de aire y expulsándolo a
continuación con un fuerte silbido. Algunos lagartos y serpientes
intentan proteger la cabeza y el tronco, que son más vulnerables,
sacrificando la cola. Los lagartos cornudos, para defenderse, se
hinchan y, al mismo tiempo, desde unos pequeños capilares que
tienen en los ojos arrojan un chorro de sangre;
posiblemente la sangre irrita los ojos de otros animales.
El lagarto armadillo de Suráfrica protege su vientre
de piel blanda enrollándose sobre sí mismo
en una bola apretada. Aunque en esta posición
no puede escapar rodando, las gruesas y
espinosas escamas que recubren cabeza,
dorso y cola crean un escudo perfecto.

Una de las más espectaculares exhibiciones de los
reptiles es la del lagarto de gorguera de Australia. La
«gorguera» es una gran aleta de piel suelta que está
sujeta al cuello, y normalmente permanece plegada
y plana. Cuando se alarma por algún predador, el
lagarto levanta su collarín, que a menudo es cuatro
veces más ancho que su cuerpo. Si le desafían,
empezará también a mover la cabeza de arriba a
abajo, a dar latigazos con la cola y a mover las
patas. Mientras que la mayoría de los lagartos
cuando les atacan normalmente intentan escapar, el
lagarto de gorguera afrontará el peligro si los
predadores están lo suficientemente cerca como para
intranquilizarle.

La boca muy abierta expande la gorguera.
Cuanto más se abre la boca, más erguido se
torna el collar.

La mofeta es un mamífero bien
conocido por el hedor que despide
cuando se le asusta o se le amenaza.
La tortuga almizclada asfixiante de
Estados Unidos es un galápago que
precisamente huele tan mal, como su
nombre indica. El olor lo producen
un par de glándulas situadas en la
piel blanda de los muslos. Además
de ser muy olorosa cuando se le
asusta, también es agresiva, lo que
hace improbable que la ataquen
demasiados predadores.

Gorguera completamente
erecta para asustar a los
agresores.

La cola está
latigueando
adelante y atrás.

Galápago almizclado
asfixiante

Las garras extendidas y las patas
flexionadas proporcionan gran
equilibrio.

Mofeta

Si la gente tiene que sobrevivir en condiciones adversas, debe llevar ropas y equipos especiales. Aunque los reptiles no pueden sobrevivir a temperaturas extremas, pueden adaptarse a las condiciones cambiantes del clima, dentro de su propio ambiente.

Cuando se les agarra por la cola, la mayoría de los lagartos se desharán de ella. Si bien es un método de defensa dramático, la pérdida de la cola es mejor que una muerte segura. Algunos lagartos lo primero que hacen cuando les atacan es agitarla, lo que les ayuda a confundir al predador. Las vértebras, o huesos pequeños de la columna vertebral de la cola, tienen grietas especiales que marcan los lugares de rotura. Cuando se les sujeta por la cola, los músculos, que también están dispuestos para separarse limpiamente, se contraen y esto hace desprenderse a una de las vértebras.

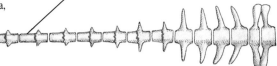

Puntos de fractura a lo largo de la cola

1 PARA SALVARSE

Este eslizón esmeralda ha perdido parte de su cola al liberarse de un predador. El trozo separado a menudo se agita durante algunos minutos después de haberse desprendido, confundiendo al enemigo el tiempo suficiente para que el lagarto pueda escapar.

La cola ha sido recientemente cortada

Aunque por fuera la nueva cola parece la misma, por dentro tiene un simple tubo de cartílago en vez de vértebras.

2 CRECE DE NUEVO

En dos meses la cola ha crecido de nuevo considerablemente. Perderla fue bastante costoso, sin embargo. El lagarto ha tenido que estar invirtiendo energía en ella, en una época en la que puede que hubiera poca o ninguna comida disponible en el medio. Se sabe que algunas especies viven más si poseen una cola completa.

3 UNA COLA NUEVA

Después de ocho meses la cola ha crecido hasta lograr casi toda su longitud original. Si es necesario puede romperse de nuevo, pero sólo por parte vieja, donde todavía quedan vértebras y «puntos de ruptura».

El crecimiento de una cola nueva necesita una gran cantidad de energía que podría haber tenido mejor destino.

Cuando todo lo demás falla, algunas serpientes se hacen las muertas. Si una culebra de collar se encuentra con un enemigo, primero bufará y silbará ruidosamente. Si esto no resulta, se enrollará sobre su dorso y se retorcerá (como en las últimas etapas de la agonía) y luego permanecerá perfectamente inmóvil con la boca abierta y la lengua colgando. Aunque fingirse muerto pueda engañar a algunos animales, si a la serpiente se le da la vuelta repetirá el truco, con lo que descubrirá su juego.

Integrándose en el ambiente

MUCHOS REPTILES SON CAPACES DE CAMBIAR de aspecto a fin de hacerse más difíciles de ver en su entorno natural. Esta habilidad, conocida como camuflaje, se usa para evitar ser detectado por los enemigos, pero también permite a los reptiles atacar por sorpresa a sus confiadas presas. Algunos reptiles están camuflados de forma natural y los colores de su piel hacen juego perfectamente con el fondo. En otros, el dibujo de la piel ayuda a romper la silueta del cuerpo y en unos pocos, es la forma del animal la que mejora este efecto. Los bordes carnosos de los lados y las colas en forma de hoja de los gekos arborícolas, por ejemplo, les llevan a confundirse casi completamente con la corteza y los líquenes de los troncos de los árboles de donde se cuelgan.

Los lagartos, especialmente los camaleones, son verdaderos maestros del camuflaje. Muchos pueden hacer el color de su piel más claro o más oscuro según la necesidad. Aunque estos cambios se dan para que el camaleón pueda confundirse con el fondo, muchas otras cosas influyen en el cambio de color. La intensidad de la luz, la temperatura y el humor del lagarto (por ejemplo, si está asustado) pueden afectar totalmente al color que tome.

La piel del camaleón tiene varias capas de células coloreadas; debajo de ellas hay melanóforos, células con brazos como tentáculos que extienden a través de las otras capas.

El cambio de color es causado por los melanóforos, que mueven un pigmento marrón oscuro dentro y fuera de las capas superiores de la piel.

Estos pequeños escíncidos, de los bosques de Indonesia, Filipinas y las Islas Salomón, son difíciles de descubrir en las palmeras donde suelen vivir. El verde brillante y el marrón moteado de sus cuerpos les hace casi invisibles. Evidentemente el verde es un color muy corriente entre los reptiles arborícolas diurnos.

Que esta cabecita no engañe. Debajo de la cobertura de hojas se encuentra el gran cuerpo del galápago del río Murray del este de Australia. Un nadador poderoso, y principalmente carnívoro, aunque suele comer algunas plantas.

Inmóvil en la hojarasca de los bosques del África
tropical, esta víbora de Gabón es prácticamente
invisible en el moteado sol y sombra, mientras
está al acecho de roedores, ranas y aves. Pero si a
una de las serpientes se la saca de su entorno
natural, las vívidas manchas de su piel resultan
sorprendentemente vistosas. Mucha gente ha
comparado los dibujos geométricos de su piel con
los de las alfombras orientales. Aunque no
son agresivas y rara vez atacan, su mordedura
podría resultar peligrosamente venenosa para
cualquier desgraciado que la pisara. De
hecho, los colmillos de la víbora del Gabón son
mayores que los de ninguna otra serpiente,
hasta 50 mm, en un ejemplar de 180 cm
de longitud.

Víbora del Gabón

Afortunadamente para este caimán negro, se le podría confundir
con rocas cuando permanece en las aguas fangosas. Se le caza por
su piel y está constantemente amenazado. Pero su habilidad para
permanecer invisible le ayuda a la hora de buscar comida.

Las patas

LAS PATAS JUEGAN UN PAPEL decisivo
en las vidas de muchos reptiles, a pesar
de que las serpientes y algunos lagartos se
arreglan muy bien con una carencia absoluta
de extremidades. Normalmente los reptiles
tienen patas adaptadas a los hábitats donde
viven. Por ejemplo, los lagartos del desierto
suelen tener grandes escamas que bordean
los dedos, lo que les ayuda a caminar sobre la
arena suelta. Los lagartos trepadores tienden a tener garras muy
afiladas, que les permiten agarrarse firmemente incluso a
superficies muy lisas. Otros lagartos trepadores, como los gekos,
también tienen almohadillas adherentes. Las patas de dedos
palmeados, o los miembros en forma de paleta, se encuentran en
algunas tortugas marinas. En otros reptiles nadadores, como los
cocodrilos y varanos, la cola proporciona la mayor parte de la
propulsión mientras que las patas permanecen plegadas y sin usar.

En la famosa fábula de Esopo, la liebre está tan confiada en ganar la
carrera a la lenta y pesada tortuga, que se queda dormida a un lado del
camino y la tortuga cruza primero la línea de meta. Es bien sabido que
aunque las tortugas son lentas, pueden caminar sin bajar el ritmo y cubrir
distancias bastante grandes, y rara vez se paran a descansar.

Las patas de los reptiles
reflejan muy adecuadamente
su modo de vida.
Las poderosas
extremidades de lagartos como
los varanos y los garrosauros
son buenas para excavar.
Los dedos en forma de garra
de los cordílidos les permiten
asirse cuando trepan, a
menudo en superficies rocosas.
El ligero palmeado de las
patas posteriores de los
cocodrilos les ayuda a
propulsarse en el agua. En algunos
pequeñas escíncidos las
extremidades son tan pequeñas que
apenas soportan al animal.

Caimán

Gerrosauro

Varano

Cordílido

Eslizón de lengua azul

Los cinco dedos extendidos
para conseguir la máxima
adherencia.

Los gekos no tienen problemas para moverse en vertical o colgarse horizontalmente.

El tokay es un geko bastante grande del este de Asia. Se le llama así porque uno de los ruidos que hace suena como «tokay». Es uno de los mejores trepadores entre los lagartos y no tiene dificultad en escalar una pared, cruzar un techo corriendo, incluso quedarse pegado a una lámina de cristal. Se agarra usando las almohadillas de la cara inferior de sus dedos. Tales almohadillas están cubiertas por estructuras microscópicas semejantes a pelos, que permiten al geko adherirse a casi cualquier superficie. Puede haber hasta un millón de estos «pelos» en una de las almohadillas del tokay, las cuales van frotando las superficies por las que el animal va caminando.

Cuerpo alargado parecido al de una serpiente.

Este pequeño lagarto cristal se confunde a menudo con una serpiente. No tiene patas delanteras y sólo unos diminutos restos de patas traseras, apenas visibles. Muchos otros lagartos, particularmente los excavadores, han evolucionado de la misma manera. Usualmente la pérdida de patas se acompaña de un alargamiento del cuerpo, por lo que está mejor equipado para la vida subterránea. Sin embargo, algunos lagartos ápodos, como los lagartos cristal, viven en hábitats rocosos o enrollados bajo vegetación abundante.

Los apéndices vestigiales (restos pequeños de patas traseras) no les sirven para moverse, pero los machos pueden usarlos en el cortejo para estimular a las hembras.

Tokay trepando

En la mayoría de las serpientes, las trazas de extremidades se han perdido. Sin embargo, algunos de los grupos más primitivos, tales como boas y pitones, tienen pequeños restos de los huesos de las caderas y los miembros posteriores. Los únicos signos externos de ello son pequeños «ganchos» en la base de la cola a ambos lados de la cloaca.

Dominio del suelo

Los teidos son originarios del continente americano. Una especie, el lagarto de seis líneas, ostenta el récord de la máxima velocidad alcanzada en tierra por un reptil (29 km/h). Esta marca se obtuvo en 1941 en Carolina del Sur, EE.UU.

La mayoria de los lagartos dependen de su rapidez y agilidad para cazar y salir de las dificultades. Normalmente usan las cuatro patas y pueden correr a toda velocidad. Las patas están especialmente adaptadas al sitio donde viven. Los galápagos no necesitan velocidad, en cambio, tienen patas fuertes que pueden transportar el peso extra de una concha protectora e impulsarlos hacia delante lenta pero seguramente. A pesar de no tener patas, las serpientes también se mueven eficientemente en tierra, de distintas maneras. Su método de movimiento puede cambiar dependiendo del entorno. Los cocodrilos permanecen más tiempo en el agua y cuando están en tierra se mueven arrastrando el vientre por el suelo. En raras ocasiones los cocodrilos jóvenes pueden «galopar».

Palma flexionada contra el suelo.

Las patas traseras proporcionan casi todo el empuje.

Tupinambis

3 DOS A LA VEZ
Cuando un lagarto «empieza a trotar», el cuerpo se apoya en dos patas a la vez (el par en diagonal). Pero puede haber veces en que las dos patas delanteras y una trasera están levantadas al mismo tiempo.

La cola larga se usa para mantener el equilibrio

El agama acuático proviene de Asia y vive principalmente en los árboles que crecen cerca del agua. Si se le molesta cuando se encuentra en el suelo, puede levantarse sobre sus patas traseras y correr erguido a intervalos cortos, con la ayuda de la cola para mantener el equilibrio. Este tipo de locomoción bípeda (en dos patas) ocurre también en algunos otros lagartos, que pueden conseguir mayor velocidad corriendo a dos patas que a cuatro.

Agama acuático alertado, erguido sobre sus cuatro patas.

La locomoción de los lagartos

Casi todos los lagartos tienen cuatro patas con cinco dedos en cada una, aunque existen lagartos ápodos y otros que sólo tienen unas extremidades posteriores muy pequeñas. Generalmente las patas posteriores son más fuertes que las delanteras e «impulsan» al animal hacia delante. Los que viven bajo el suelo suelen tener patas mucho más pequeñas o incluso carecer de ellas, puento que tienden a deslizarse y enrollarse a través de las galerías, de igual forma que las serpientes.

1 LA FUERZA DE LA PALMA
Cuando se mueve, la pata delantera de este tupinambis señala hacia adelante con la palma hacia abajo, y gran parte del empuje proviene de la flexión de la palma contra el suelo.

2 DE UN LADO A OTRO
Cuando el lagarto se mueve rápidamente incrementa su zancada inclinando el cuerpo de un lado a otro. El orden en el que se mueven las patas depende de lo rápido que vaya. Cuando camina lentamente deja tres patas en el suelo a la vez.

Movimientos de las serpientes

Las serpientes usan cuatro métodos principales para ir de un sitio a otro sin tener patas: movimiento serpentino, movimiento en concertina, reptación lateral o «sidewinding» y el movimiento rectilíneo.

Una serpiente de las que reptan de forma lateral, la víbora de Peringuey del desierto de Namibia, ha estado aquí. Cuando la serpiente repta de lado levanta del suelo bucles de su cuerpo dejando estos característicos trazos en forma de barra. Este método evita que la serpiente se resbale al moverse por dunas de arena suelta.

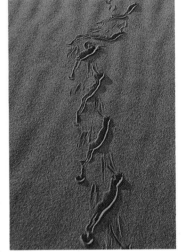

Reptación lateral

Los lados del cuerpo empujan contra las irregularidades del terreno. La serpiente no puede avanzar fácilmente si se la coloca en una superficie completamente lisa.

Lento movimiento deslizante haciendo uso de las grandes escamas ventrales, que actúan como puntos de anclaje y proporcionan tracción.

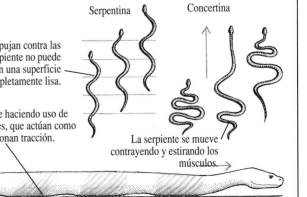

Serpentina

Concertina

La serpiente se mueve contrayendo y estirando los músculos

Rectilíneo

Durante casi todo el día esta serpiente de los manglares permanece en lo alto de un árbol. En las últimas horas de la tarde o primeras del crepúsculo, entra en acción atacando nidos, para capturar aves adultas y pollos. Es una serpiente opistoglifa, se encuentra en los manglares de los pantanos y cerca de la selva.

Vida en los árboles

MUCHOS LAGARTOS Y SERPIENTES están bien adaptados para la vida en árboles y arbustos. Los dedos de la mayoría de los lagartos arborícolas a menudo están equipados con garras bien desarrolladas para asirse a los troncos de los árboles o almohadillas especiales para adherirse a las superficies lisas de las hojas. Estos lagartos y algunas de las serpientes arborícolas suelen tener colas largas que se enrollan alrededor de las ramas, para guardar mejor el equilibrio. Algunos también tienen pliegues en las escamas ventrales que les proporcionan puntos de anclaje adicionales. Los reptiles arbóreos son frecuentes en islas aisladas del Pacífico, donde llegaron casi con seguridad a bordo de masas de vegetación flotante.

Al igual que los reptiles voladores, la ardilla voladora planea más que vuela, usando los pliegues de piel que tiene entre las extremidades. Pesa muy poco, pero a veces come tanto que es incapaz de volar.

La boa de Cooke de Suramérica tiene fosetas sensibles al calor en los bordes de la boca, mediante las cuales localiza a los pájaros dormidos y a los murciélagos de los que se alimenta. Un cuerpo muy extensible y una cola fuerte son especialmente apropiados en el hábitat que ha escogido. Cuando trepa, alcanza una rama donde se enrolla tirando luego del resto del cuerpo.

La cola actúa como anclaje.

El geko de Kuhl posee pliegues de piel a lo largo de los costados, patas y cola y tiene también pies palmeados. Todo junto actúa como paracaídas cuando el lagarto planea por el aire. Como los dragones voladores, usa sus habilidades para escapar o para precipitarse sobre una presa. El color y la textura de la piel hacen que sea difícil de detectar cuando está posado en la corteza de un árbol.

Una boa de Cooke caza un pájaro. La serpiente usa una rama para apoyarse mientras ataca.

La culebra de juguete de India pasa una parte de su tiempo en los árboles. Si hace calor permanece en el suelo refugiada en termiteros o bajo piedras. Sin embargo, si hace fresco, prefiere moverse entre los árboles y arbustos. Aunque es inofensiva para los humanos, si se la asusta puede parecer amenazadora hinchando el cuello y agitando fuertemente la cola mientras ataca.

Lagarto calotes

El cuerpo de un calotes se parece al de un camaleón, y su cola es muy larga y esbelta. Puede cambiar de color rápidamente, especialmente la cabeza, que se torna roja. De hecho los bordes de la boca de algunas especies se vuelven tan rojos que se les ha apodado «chupasangres».

Los dragones voladores tienen la misma habilidad en el aire que los gekos voladores, sólo que sus «alas» son aletas de piel tensada sobre las costillas alargadas. Las alas permanecen plegadas a los costados del animal, cuando no están en uso.

Todos los gekos son buenos trepadores, ya que la fricción de las almohadillas les permite agarrarse a casi cualquier superficie. Este geko es bastante atípico ya que es activo de día, mientras que la mayoría de los gekos lo son de noche. Aunque los diurnos comen gran variedad de insectos y de frutas blandas, a algunos parece que les gusta el néctar de las flores de palma.

Si a un cocodrilo se le acosa o él persigue a alguien, puede moverse muy rápidamente, incluso saltando fuera del agua. Este «marchar sobre la cola» es parecido a lo que hacen los delfines y demuestra lo gracioso y ágil que es el animal cuando está en el agua.

Impermeabilizados

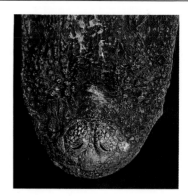

Aunque los reptiles son fundamentalmente animales terrestres, algunos grupos han conquistado con éxito el agua. Los cocodrilos, unos cuantos lagartos (como las iguanas marinas de las Islas Galápagos), ciertas serpientes (como la anaconda gigante de Suramérica) y todos los galápagos y tortugas marinas pasan sumergidos la mayor parte de sus vidas. Casi todos los reptiles tienen que volver a tierra firme para efectuar la puesta, porque si no los huevos se ahogarían. Pero algunas serpientes marinas, principalmente las que se encuentran en los mares que rodean Asia, norte de Australia y las islas del Pacífico, han obviado el problema pariendo crías vivas, inmediatamente listas para nadar y salir a respirar. Los diferentes reptiles usan de forma distinta su hogar acuático. Los cocodrilos nadan, cazan y se refrescan en ella. Las iguanas marinas bucean para alimentarse de las algas que crecen en las rocas sumergidas.

Cuando un aligator bucea, se tapa los agujeros de la nariz y las orejas con músculos y cubiertas especiales; en aguas tranquilas sólo necesita dejar fuera el disco de la nariz. Otra tapadera especial al final de la garganta evita que los pulmones se inunden cuando el aligator abre la boca bajo el agua. Los ojos también están impermeabilizados ya que se hallan protegidos tanto por los párpados superior e inferior bien desarrollados como por un tercer escudo transparente que cubre el ojo.

Ojos situados en lo alto de la cabeza

El caimán permanece quieto en el agua como defensa contra los predadores y para capturar a sus presas.

Caimán

Cuando está asustado, este pequeño basilisco se arroja al agua desde los árboles y arbustos de la orilla y huye precipitadamente corriendo por encima del agua con sus patas traseras. Tiene la planta de los «pies» muy ancha y el borde escamoso de sus dedos le proporciona un apoyo extra. Cuando el lagarto pierde velocidad cae al agua y nada o bucea saliendo a respirar más adelante.

Los humanos siempre han creído que en las aguas profundas habitan extrañas criaturas. Incluso hoy, mucha gente cree en la existencia de un monstruo en el lago Ness en Escocia. La extraordinaria apariencia de algunos reptiles acuáticos es probablemente el origen de los mitos que se han tejido en torno a ellos durante siglos.

Los humanos están menos adaptados a sobrevivir en ambientes acuáticos que muchos reptiles. A diferencia de la suya, nuestra piel necesita protección si no queremos sufrir los efectos de las bajas temperaturas.

Basilisco

La velocidad del basilisco le permite correr sobre la superficie del agua.

Los galápagos generalmente tienen conchas menos abombadas y más aerodinámicas que las tortugas de tierra y están mejor preparados para nadar. Las tortugas de caparazón blando son las más aplanadas de todas y tienen la forma perfecta para permanecer escondidas bajo la arena y el lodo en el fondo de su acuosa «casa» (págs. 30-31). A diferencia de sus parientes terrestres, tienen patas con dedos largos unidos por una membrana carnosa, lo que les proporciona un empuje extra cuando se mueven dentro del agua.

Las narinas quedan justo por encima del nivel del agua

Este joven caimán está muy bien adaptado para vivir en el agua. Sus ojos, narinas y oídos están situados en lo alto de la cabeza, así que puede respirar y ver mientras permanece quieto en el agua sin ser visto. Esto es una ventaja cuando está cazando a una presa o yendo a la orilla del agua para beber. Evidentemente, como todos los demás cocodrilos, el caimán es un buen nadador. A altas velocidades puede plegar sus palmeadas patas contra los costados y propulsarse hacia delante usando su fuerte y musculosa cola. El caimán depende del agua hasta el punto que puede morir si se le expone al calor del sol sin agua cerca para zambullirse regularmente.

Todas las tortugas tienen pulmones pero las formas acuáticas también pueden respirar a través de la piel y el epitelio de la garganta. Algunas pueden tolerar niveles muy bajos de oxígeno en el agua y pueden sobrevivir durante semanas bajo el agua. Pero este pequeño galápago de orejas rojas no puede aguantar más de dos o tres horas sin subir a respirar a la superficie.

Galápago de orejas rojas

El peor de los enemigos

LOS REPTILES TIENEN UNA GRAN CANTIDAD DE ENEMIGOS NATURALES.
Grandes aves tales como búhos y águilas y algunos mamíferos, tales
como erizos, cerdos y gatos, todos predan sobre lagartos y
serpientes. Algunos reptiles se comen unos a otros. La cobra real
asiática y las culebras reales de Estados Unidos son especialistas en
comer otras serpientes. Los varanos también comen frecuentemente
reptiles más pequeños. Pero los mayores enemigos de los reptiles
son los humanos. A los cocodrilos, serpientes y lagartos aún se les
caza por su piel. Las serpientes son capturadas también para utilizar
su veneno en investigación médica (págs. 42-43) y se las mata
porque se las tiene miedo.

En 1894 el autor inglés Rudyard Kipling
escribió *El libro de la selva* e hizo un héroe
de una pequeña mangosta,
Rikki-Tikki-Tavi. Este pequeño mamífero
vivía con una familia británica en la India y
se convirtió en su protector, matando
primero a Karait, un búngaro letal, y
después a Nag, una cobra. La fuerza de la
cobra le sirve de poco una vez que la
mangosta ha conseguido atraparla por la
parte posterior de la cabeza.

Cuando la capucha está
desplegada, el «ojo»
pretende aterrorizar a
los agresores.

Uno de los
más famosos
enemigos de muchas
serpientes pero en
particular de la cobra, es la
mangosta. En un combate
probablemente saldrá
vencedora gracias a su
velocidad y agilidad para evitar
los ataques de la serpiente. La
mangosta se precipitará contra ella
y la morderá por detrás del cuello,
o bien puede atenazarla por detrás de
la cabeza hasta que la serpiente deje de
luchar. Las mangostas fueron
introducidas en las Indias Occidentales en
un intento de reducir el número de
serpientes. Sin embargo, ellas mismas se han
convertido en una plaga atacando a los animales
pequeños y aves de corral.

El cuerpo de la
serpiente está contraído,
listo para atacar.

Capuchón desplegado,
en ataque

Se sabe que los leones predan sobre los
cocodrilos, incluso sobre los adultos. En
tierra, la velocidad y la fuerza del
mamífero son suficientes para superar
al reptil que es más lento, aunque el
resultado podría ser muy diferente
en el agua o cerca de ella.

Los rígidos pelos del dorso de la mangosta están erizados para proporcionar mayor protección.

Los dientes afilados como una navaja de afeitar atrapan a la cobra por detrás de la cabeza.

El cuerpo se apoya ligeramente en las patas traseras para los movimientos rápidos.

El pájaro secretario molesta a sus posibles presas pateando y aleteando. Cuando aparece una serpiente, el pájaro rápidamente le da una patada o la pisa, al mismo tiempo que la cubre con sus alas para evitar que el reptil maniobre a una posición en la que pueda defenderse. De esta forma puede tratar incluso con serpientes muy peligrosas, como las víboras y las cobras. Si el pateo no resulta, entonces el pájaro levantará a la serpiente en el aire y la dejará caer fuertemente contra el suelo.

En la mitología hindú, el demonio Kaliya se convirtió en una cobra y asesinó a muchos pastores en su búsqueda del dios Krishna. Finalmente Krishna mató a Kaliya y luego danzó sobre su cabeza.

Tarzán, el héroe de la jungla, no tiene dificultad en imponerse a su enemigo reptiliano aunque en la vida real un combate entre un cocodrilo y un humano podría tener un final muy diferente. A pesar de que los cocodrilos no son habituales devoradores de hombres, desde luego atacan a cualquiera lo bastante imprudente como para extraviarse cerca de ríos infestados de cocodrilos o en sus terrenos de cría.

Sólo buenos amigos

Pez
limpiador

Como la mayoría de los reptiles son comedores de carne (págs. 38-39), la relación entre ellos y casi todos los demás animales, incluso con otros reptiles, es normalmente de predador-presa. Sin embargo, un buen número de reptiles viven juntos de forma que no se perjudica a ninguno de los compañeros. Los lagartos y las serpientes, por ejemplo, usan termiteros conjuntamente como incubadoras para sus huevos. La tortuga del desierto de Estados Unidos hace una madriguera que a veces tiene más de 12 m de longitud. Este refugio fresco y profundo proporciona una morada permanente a muchos otros animales, y un escondite temporal para más aún. Se han encontrado otras madrigueras de tortugas donde zarigüeyas, mapaches, conejos, lagartos y ratas conviven felizmente. Se dice incluso que las serpientes de cascabel viven pacíficamente con otros habitantes en tales «hogares».

La existencia del tuatara en las remotas islas de Nueva Zelanda es posible en gran parte debido a las aves marinas como petreles y pardelas (págs. 36-37). De hecho el tuatara, a veces, comparte su madriguera con estas aves. Ellos cubren el suelo y las rocas con sus excrementos, creando un ambiente perfecto para gran cantidad de insectos, incluyendo escarabajos y grillos, la comida favorita del reptil. Sin embargo, es una relación más bien difícil ya que los tuataras comen polluelos mejor que insectos, cuando tienen la oportunidad.

Tuatara

Pardela

Las tortugas de cuello oculto de África limpian de pequeños parásitos a hipopótamos y rinocerontes que entran en su charca. Este comportamiento de limpieza no es infrecuente. Se sabe que algunos galápagos usan sus mandíbulas para arrancar algas de los caparazones de otros galápagos, y luego se intercambian los papeles.

Hipopótamo

Tortuga de cuello oculto.

Todos los tipos de reptiles se pueden encontrar ocasionalmente viviendo juntos, a menudo por diferentes razones. La tortuga de dorso articulado de las sabanas le tiene aversión a la estación seca de las praderas africanas y se esconde en su madriguera hasta que comienzan las lluvias. La culebra africana de las casas quizá examine la misma madriguera en busca de su alimento favorito, ratas y ratones, mientras que el escíncido puede que se haya deslizado dentro para esconderse de sus enemigos. Pero más vale que tenga cuidado, ya que la serpiente de las casas come escíncidos si hay escasez de roedores.

A veces se dice que las aves picotean pedacitos de comida y parásitos de las bocas abiertas de los cocodrilos. Hay algunas dudas acerca de si pájaros como los chorlitos se arriesgarían a ello, pero es verdad que alguno vagabundea aparentemente tan tranquilo entre los cocodrilos dormidos. Algunos pájaros como los alcaravanes hacen el nido cerca de los cocodrilos y son indirectamente protegidos y protegen a sus temibles vecinos. Pocos animales atacarán a las aves mientras los cocodrilos estén cerca y la reacción de alarma de los pájaros ante la proximidad del enemigo actúa a su vez como aviso a tiempo para los reptiles.

Muchos animales, fuera del mundo de los reptiles, viven de forma que al ayudar a otros se ayudan a sí mismos. Un ejemplo asombroso es el pez limpiador, que recoge los parásitos y fragmentos de comida de otros peces más grandes. Aquí un pequeño limpiador está acicalando a un enorme pez en la Gran Barrera de Coral australiana.

Mirando al futuro

A NO SER QUE CAMBIEMOS EL MUNDO en que vivimos,
muchos reptiles pueden extinguirse. Aunque han
tenido que pasar 150 millones de años para que los
reptiles, inmensamente variados antaño, se hayan
reducido a sólo cuatro grupos, éstos se enfrentan ahora
a una amenaza mayor que ninguna de las anteriores. La
causa principal está en la terrible destrucción de sus
hábitats naturales. Muchos reptiles están adaptados
especialmente para la vida en algunas de las áreas que se
están perdiendo a una velocidad alarmante, por ejemplo
la selva tropical y la mayor parte de
las praderas de las zonas templadas de Europa.
A pesar de que los gobiernos son ahora más conscientes
de la situación y están de acuerdo en ayudar a algunas
especies severamente amenazadas, puede que se haya
hecho demasiado poco y demasiado tarde.

Carteras de piel de
serpiente

En algunos lugares, los reptiles son
todavía muy populares como
comida para los humanos. Hace
pocos años en el Caribe se usaron
5.000 tortugas marinas para hacer
682.000 litros de sopa para una sola
cadena de alimentación.

Aunque todavía es bastante común, el escíncido gigante
de las Islas Salomón, o eslizón de cola de mono, se enfrenta
con un problema que comparte con muchos otros reptiles.
En su hábitat se está produciendo un rápido desarrollo y se
teme que mientras esto sucede muchos de estos reptiles se
enfrentarán a la extinción. Este eslizón en particular tiene aún
otros problemas: se lo comen habitualmente en algunos lugares.
Es un animal muy grande que permanece casi toda su vida en los
árboles de forma bastante inofensiva, como su cola parecida a la de los
monos sugiere. Es activo principalmente de noche y se alimenta casi
exclusivamente de hojas.

Esta maravillosa
playa de Turquía es
uno de los últimos
sitios donde nidifican
las tortugas bobas.
Amenazadas por proyectos
urbanísticos, como resultado
del comercio turístico, estas
tortugas marinas se enfrentan a
un futuro muy incierto, a pesar
de su larga y variada historia.

Cría de tortuga cabezona

La cabeza de este galápago (muy bien llamado tortuga o
galápago cabezón) es tan grande que no la puede recoger
dentro de la concha. Aún no se ha comprobado que esté
especialmente en peligro de extinción, pero a causa de su
aspecto tan extraño se la captura a menudo para venderla
como animal de acuario, o se la usa para hacer recuerdos.
Vive en el sureste asiático, donde pasa casi todo el día
enterrada en la grava o bajo rocas en los frescos arroyos de
montaña.

Este grabado antiguo muestra el tamaño de la cabeza en relación con el cuerpo

Negocios sucios

Llavero con
la cabeza de
un cocodrilo
siamés.

En algunos lugares del mundo los conservacionistas están intentando salvar a los reptiles,
pero aún se mata a muchos para comerciar con su piel y como recuerdos para los turistas.
Hay un comercio deprimente para vender la cabeza de un recién nacido como llavero.
Miles de otros reptiles han sido capturados como animales de acuario, aunque
en unos pocos casos, programas de cría en cautividad que han tenido
éxito han ayudado a mantener la existencia de especies raras
(págs. 36-37).

Boto de serpiente de
cascabel

La enigro es una boa terrestre de cabeza
triangular parecida a la de las víboras, que se
encuentra en una variedad de hábitats de las
Islas Salomón, tales como bosques, granjas y cerca de
las viviendas humanas. Como en el caso del escíncido
gigante, el principal peligro para su existencia es la
amenaza hacia su hábitat.
Aunque es principalmente
terrestre, puede trepar
bien y a veces se la
encuentra en troncos
huecos alimentándose de
lagartos jóvenes, roedores y
aves. Sin embargo, se la mantiene
como animal de compañía, lo
que ha resultado desafortunado
ya que en cautividad «se pone
de mal humor» y rehúsa comer.

Las serpientes
probablemente
están
desapareciendo más
rápidamente que
cualquier otro grupo de
vertebrados. En el siglo xx existe un
riesgo mayor que antes, en el constante
peligro de ser atropelladas por coches. Si
no se hace algo pronto para ayudarlas
podemos quedarnos sólo con juegos de
mesa y modelos decorativos que nos
recuerden a estos sorprendentes
animales.

Serpiente hecha con cuentas por
prisioneros de guerra en 1916

63

Índice

Iconografía